池上彰が見る分断アメリカ

―民主主義の危機と内戦の予兆―

池上彰が見る分断アメリカ――目次

第2章 第一期トランプ政権は何をしたか…51

第3章 トランプの裁判の行方…97

第5章　「もしトラ」で何が起きるか…143

第6章　迫りくる民主主義の危機…171

はじめに

二〇一六年一一月、日本のテレビ局のスタジオで、アメリカ大統領選挙の特番に出演していました。午前中に番組が始まった当初は、「大統領はヒラリーで決まり」という雰囲気でした。それが、開票が進むにつれて、「トランプ候補善戦」というニュースが入り始め、やがて「トランプ有力」にトーンが変わり、遂には「アメリカのメディアがトランプ当選を伝えた」という速報が入ってきました。このときのスタジオの動揺といったら。番組は「ヒラリー当選」の予定原稿しか用意していなかったからです。

この年、私は一〇月末までアメリカ各地を取材していました。当初は「ヒラリー優勢」と感じていたのですが、終盤になってFBIが、ヒラリーが国務長官時代に私用メールを使用していた件について再捜査を開始したと発表したことで米国内の空気が変わりました。

この件は、過去にFBIが捜査した結果、「問題なし」との結論が出ていたのですが、「新たなメールが出てきた」として再捜査を開始したのです。この件もまもなく「問題なし」との結論になったのですが、選挙直前の再捜査は選挙結果に大きな影響を与えました。

それでもアメリカのメディア各社は「ヒラリー優勢」の世論調査の結果を報じていました。日本のメディアは、これを信じていたのです。

選挙はトランプ当選となったのですが、「ヒラリー優勢」の世論調査は、あながち間違いではありませんでした。最終結果は、全米の総数でヒラリーがトランプより二〇〇万票も多かったからです。それなのにトランプが当選した。そこにはアメリカの大統領選挙の特異な仕組みがありました。

アメリカ大統領選挙は「米国民が大統領を直接選ぶ」と言われますが、実際は州ごとに「大統領を選ぶための選挙人を選ぶ」という形になっているからです。

これは建国当初、国民に読み書きができる人が少なく、「大統領を選べる見識がないのではないか」との懸念から、有識者に大統領を選んでもらおうという制度になったからです。

また、そもそもアメリカは州が集まってできた連邦国家。大統領選挙人は州ごとに代表を選ぶ形になります。その結果、全米の総数ではヒラリーが勝っていても、州ごとに選ぶ選挙人の数でトランプが上回っていたのです。

ところがトランプは、総数でヒラリーに負けたことが悔しかったのでしょう。「ヒラリーの票には不法移民が不法に投票した数が入っている」という根拠のない主張をしたのです。

当時は、「トランプは悔しいから虚勢を張っているのだろう」と軽く見ていたのですが、二〇二〇年の選挙で負けたときも、「自分が勝った」と根拠のない主張をし、それを信じたトランプ支持者が選挙結果を覆そうと選挙人の数の集計をしていた連邦議会を襲撃しました。

　世界の国が民主主義国家か独裁国家かをどう区別するか。私は、選挙結果を受けて敗北した側がその事実を潔く認めるかどうかだと説明してきました。もちろん中国のように国民が指導者を選べない国もありますし、ロシアのように有力な野党指導者が立候補できない国もありますから、そもそもフェアな選挙が実施されなければならないのですが。

　アメリカの場合、選挙に負けた側が勝った相手に祝福の電話をかけることで「勝利」が確定するという慣例がありました。それが、電話をかけるどころか「自分が勝った」と言い張るとは想定外でした。

　さらに想定外だったのは、そんな根拠のない主張を信じる人たちが現れたことです。

　トランプの根拠のない主張を信じる人たち。二〇一六年にトランプが当選し、翌年一月に大統領に就任した後も、トランプの嘘は続きました。それを信じる人たちや、根拠のない主張をそのまま伝えるニュース専門チャンネル「ＦＯＸニュース」の存在は、私がアメリカに抱いていたイメージを大きく破壊するものでした。

　アメリカは、いったいどうなっているのか。私はたびたびアメリカに渡り、その理由を探ってきました。その結果、得られた結論は、アメリカは先進国の「北」と途上国の「南」の二つの国家の連合体であるということでした。そこには、そもそもアメリカが二手に分かれて戦った南北戦争以来の分断の歴史が存在していたのです。

このままでは、二〇二四年一一月の大統領選挙の結果がどうであろうと、アメリカは内戦に陥る危険性を孕んでいるのです。

なぜなのか、どうしてなのか、これからどうなるのか。そんな疑問をひとつずつ解き明かしてまいりましょう。

本書の刊行に際し、『そうだったのか！ アメリカ』の制作をはじめ、タッグを組んできた編集者の木葉篤さんにお世話になりました。

本書の印刷を始める寸前にトランプ前大統領狙撃のニュースが飛び込んできました。さらには、バイデン大統領が次期大統領選挙からの撤退を表明しました。アメリカの分断がさらに進むのではないかと悲しくなります。

二〇二四年八月

ジャーナリスト　池上　彰

第1章

トランプはなぜ当選したか

二〇一六年一一月、アメリカ合衆国大統領選挙で、それまでまったく政治経験のないドナルド・トランプが民主党のヒラリー・クリントンを抑えて当選しました。翌年一月には就任式が行われ、第一期トランプ政権が誕生したのでした。

このときのことを思い出してみてください。選挙期間中のトランプの発言には理論的な政策やビジョンはほとんどなく、差別的な言葉や暴言で注目を集めました。トランプが他の候補者を侮辱し、差別的発言をするたびに、メディアは大きくそれを取り上げてトランプの名前を全米に広めていきました。トランプ人気を押し上げたのは、面白がって大きく取り上げたメディアだったのです。

この時期私もアメリカに足を運び、トランプの政治集会を取材しました。ヒラリー陣営は海外のメディアの人間でも会場に入れてくれますが、トランプ陣営はシャットアウト。海外のメディアを入れても票にならないからでしょう。

では、どうやって入るか。会場の外では、トランプグッズを勝手に作って売っている人たちがいます。そこで、その人たちからトランプバッジを購入し、トランプの旗を買って持っていると、会場にすんなり入れました。トランプファンと思って入れてくれたのですね。

さて会場で取材を始めて気づいたのは、圧倒的に白人男性が多いことでした。黒人やヒスパニック、東洋人の姿はほとんどなく、アジア人の私が目立ってしまうほどでした。そこでのトランプの演説は根拠のない主張や目標やスローガンを短い言葉で繰り返すばかりでした。

「不法移民を追い出すぞ！」「メキシコとの国境に壁をつくるぞ！」「壁建設の金を出すのはメキシコだ！」「中国製品を入れないぞ！」「アメリカをもう一度偉大な国にするぞ！」そのたびに参加者たちは腕を突き上げて「オー！」と応えます。スローガンの羅列で、到底演説と呼べるようなものではありませんでした。

その一方、民主党候補のヒラリー・クリントンは元ファーストレディであり、上院議員や、オバマ政権では国務長官まで務めた人物です。バーニー・サンダースとの民主党候補者指名争いでは苦戦しましたが、キャリアは十分で、アメリカ初の女性大統領の誕

共和党の政治集会での著者

生はほぼ確実だと思われていました。当時の安倍晋三首相も、選挙期間中にもかかわらずアメリカでヒラリー・クリントンに会うほどでした。選挙中に一方の候補にだけ会うのは、外国の政治指導者としてやってはいけないことだったのですが、「ヒラリーで決まり」と思っていたからこその行動でした。当時、アメリカの日本大使館から「ヒラリーで決まりです」という情報が入っていたからです。

ところが選挙結果がそうならなかったのは、ご存じの通りです。この頃から「アメリカの分断」という言葉が頻繁に聞かれるようになりました。人種の分断、格差による分断、宗教の違いによる分断など、トランプによってさまざまな分断が引き起こされたかのように伝えられました。しかしアメリカの分断はすでに存在していたのです。それに気づきながらも民主主義のアメリカではみなが平等なのだと信じようとする人々に対し、あらためてトランプが分断に光を当ててみせ、拡大を進めたと言っていいでしょう。

分断の始まり

一八六一年四月、アメリカでは南北戦争が勃発します。まさにアメリカを分断する内戦でした。その背景には南北の産業とそれにかかわる奴隷制度の問題がありました。

当時アメリカ北部では工業化が進み、イギリスの工業製品との競争のために保護貿易を主張していました。保護貿易とは、国内の産業を守るために外国製品に高い関税をかけたり、輸入制限したりすることです。

一方の南部は綿花のプランテーション（大規模農場）を中心とした農業地域で、綿花の輸出増大のために自由貿易を主張していました。その綿花のプランテーションでの労働は苛酷で、大量の労働力が必要だったため、奴隷労働が不可欠だと考えられていました。一方、北部は非人間的な奴隷制に反対していました。北部の農場は家族単位の小規模なものだったので、奴隷を必要としていなかったという背景があったのです。

一八六一年に奴隷制に反対するエイブラハム・リンカーンが大統領に就任すると、南部の州はそれに反発してアメリカ合衆国から離脱。「アメリカ連合国」を成立させます。アメリカが南北に分断されたのです。

南部の動きに対して北部は離脱を認めず、ついに南北戦争が勃発します。南北戦争は悲惨な戦いでした。同じ国民のはずが敵味方に分かれて殺し合い、双方合わせて60万人以上もの犠牲者を出したのです。

この内戦の最中にリンカーンは「奴隷解放宣言」を出します。戦況を有利にするため、「奴隷解放」を宣言して、南部の黒人を味方につけようとしたのです。この作戦は成功。南部の黒人の多くが北軍に参加し、南軍と戦うことで北軍が優勢に戦いを進めるようになります。「奴隷解放宣言」には南北戦争に勝利するための戦略という要素もあったのです。

この結果、南北戦争は北軍の勝利に終わり、それによって奴隷制度は廃止されることになり、アメリカの工業化が進んでいきます。奴隷を解放せざるを得なくなった南部の恨みは大きく、さらに白人の所有物ではなくなったとはいえ、黒人差別は続くのです。

ちなみにリンカーンは南部ケンタッキーの出身でしたが共和党の大統領でした。当時の共和党は北部を支持基盤とする革新政党で、奴隷制度の維持を訴える保守派が南部を中心とする民主党でした。

北部での工業化にともなって教育にも力が入れられるようになると、大学で学ぶ人口が増え、学歴社会が登場します。これによっても分断が生まれます。高学歴のインテリ層は社会的地位を得てさまざまな分野に進出していきますが、南部の農業地域や進学もままならない貧困層は取り残されたと感じるようになり、敵対意識を持つようになります。

反知性主義という分断

『実力も運のうち 能力主義は正義か?』という本を書いたハーバード大学のマイケル・サンデル教授は、学生たちに「君たちは自分で努力したからハーバード大学に入学できたと思っているだろうけれど、それだけじゃない。もちろん努力のおかげもあるけれど、実は、そもそも生まれたところが運がよかったからなんだよ」と話しています。つまり恵まれた家庭に生まれれば努力も実りやすいという現実があるということなのですね。

この構図は日本にもいえることですね。東京大学の学生の親の所得は、日本人の平均所得より高いことが報告されています。私が教えている東京工業大学の学生も首都圏の中高一貫の私立校の出身者が多いのです。子どもを私学に通わせることのできる資力のある家庭出身は「運」にも恵まれているのです。

それはともかく二〇〇八年の民主党の大統領候補争いの最中、バラク・オバマが演説で言った「Yes, we can」（我々はできる）というフレーズが改革や変革のイメージを定着させました。「努力すればできるんだ」というのは、まさにアメリカンドリームです。ところが、貧困家庭に生まれ育って大学に行けなかった人たちからは「俺たちが成功していないのは努力していないからだと言いたいのか」と反発を招きました。オバマ大統領はアメリカ史上初の黒人大統領で、マイノリティにも支持されましたが、一方で彼の恵まれた環境や高学歴を疎ましく思う人たちも多く、オバマ大統領の登場が知的格差の分断を拡大させたことも事実なのです。

アメリカの反知性主義については、国際基督教大学の森本あんり教授が『反知性主義―アメリカが生んだ「熱病」の正体』を著しています。それによると、反知性主義というのはただインテリを嫌うものではなく、その背景にキリスト教福音派という宗教があると指摘しています。福音派では、神の前では万人が平等であるから、誰でも司祭になることができるとされています。ですから知性より素朴な無知や謙遜こそが信仰に大事であるということなのです。

「みんな平等なのだから、高学歴でなくても成功するはずだ」こういった反知性主義が精神のベースにあるため、やがてインテリに対する反発につながっていったというわけです。

反発はオバマに対してだけでなく、ヒラリー・クリントンも同様に反知性主義者たちに嫌われました。ヒラリー・クリントンも裕福な家に生まれ、ボストンのウェルズリーという名門女子大学を卒業してファーストレディになるまで弁護士として活躍しています。彼女の演説には難しい言葉がたくさん出てきます。見方によってはいかにもインテリ風の話しぶりで、これが反知性主義者たちには鼻につきました。それにひきかえ、トランプは明快です。簡単で誰もがわかる単語を連発します。

たとえば「素晴らしい」と言うのにヒラリー・クリントンは「splendid」や「amazing」など多様な表現を駆使しますが、トランプは「very very very good」と言うのです。元側近に小学校5年程度の英語レベルだと揶揄《やゆ》されたトランプですが、これがかえってインテリを嫌う人たちの心をつかみました。

グローバル化がアメリカにもたらしたもの

東西冷戦の時代、ソ連を中心とする東ヨーロッパはコメコン（経済相互援助会議）というソ連の傘の下、西側と経済的に隔絶されていました。ところが一九八九年一一月のベルリンの壁の崩壊によって東西ドイツが統一され、冷戦の終結をむかえます。すると社会主義国だった東側の国々から、多くの人が西側に流れ込んできます。

社会主義国では教育水準が高く技術を持った人も多かったのですが、経済の落ち込みのために賃金は低く抑えられていました。こうした国に西側諸国の工場が進出すると、質の高い労働力を安い人件費で雇うことができるようになりました。その結果、製品のコストを劇的に安くすることができ、低価格の商品がアメリカに流れ込んできます。

中国でも一九七〇年代の後半に「改革開放」という政策が打ち出され、社会主義経済から資本主義経済へと転換を図ります。人件費の安い中国には、世界中の企業が進出し、中国は世界の工場になっていきます。中国で生産された安い製品もアメリカに大量に入っています。

その結果、かつては世界を席巻したアメリカの自動車産業がグローバル化の波に飲み込まれていきます。生産コストを抑えて廉価になった質の良いドイツ車や日本車をはじめ、技術力をつけた韓国、中国からも大量に自動車が輸入され、アメリカの自動車産業は壊滅的な状態になります。鉄鋼業も同様に、コストを抑えられた高品質の製品が韓国や日本から入ってくることによって衰退します。

さらにいうと家電産業もそうです。かつてGE（ゼネラル・エレクトリック）は業界をリードする家電メーカーでしたが、結局は日本や韓国、中国のメーカーに押されて現在は金融中心の会社になっています。

グローバル化によって、かつては世界に誇っていたアメリカ製品が、質、量ともに輸入品に太刀打ちできなくなり、その結果アメリカでものづくりができない状態になっていったのです。NAFTA（北米自由貿易協定）によって、メキシコで生産された安い自動車が関税なしでアメリカに入ってきます。工場が海外に移転することで国内の産業が衰退する。いわゆる「産業の空洞化」が起き、アメリカ国内で失業者が増えることになります。

アメリカに入り込んだのは安い製品だけではありませんでした。そもそもアメリカは移民の国であり、労働力を補うためにも長く移民を受け入れてきました。しかしその数は増え続け、これまでの移民の数は五〇〇〇万人を超えています。二〇〇〇年代以降も年間七〇万人近くを受け入れています。人種の「サラダボウル」といわれるアメリカの中で、アジア系、ヒスパニック系、黒人などは、白人の数に対して少数であることからマイノリティ（少数派）と呼ばれてきました。ところがこのマイノリティ人種は現在では全人口の三七％まで増え、二〇五〇年には五〇％を超えるとの予測もあります。これまで多数派だった白人は、これに大いに危機感を抱くようになりました。

ミシガン州、ペンシルベニア州、インディアナ州など、東部から中西部にかけての五大湖周辺は工業が発展し、「工場ベルト」「鉄鋼ベルト」と呼ばれてアメリカの繁栄の象徴ともいわれました。労働者の多くが白人で労働組合もしっかりしていて、その労働組合は民主党を支持してきました。

ところが、外国からの安い製品があふれて国内の製造業は落ち込み、この一帯はいつしかラストベルト（RUSTは錆という意味）と呼ばれるようになります。労働者の数は減り、企業によっては労働組合が機能しなくなっていきます。2016年の大統領選挙においては、このことにヒラリー・クリントン陣営は気がついていなかったのです。ラストベルトあたりは伝統的に民主党支持の地域であり、さほど力を入れなくても民主党は勝てると楽観視していたのです。

ところがトランプは、その民主党支持のラストベルトに乗り込みます。衰退する産業を目の当たりにし、マイノリティに危機感を抱いている白人労働者が選挙のカギになると考えたからです。本来であれば民主党を支持する労働者たちに「俺はお前たちを見捨てはしない」と語りかけます。「世界中から安い物が入ってくるなら、俺は高い関税をかけてアメリカの産業を守るぞ」「地球温暖化？　あんなの嘘だ。石炭も石油もどんどん掘って、かつてのアメリカの繁栄を取り返すぞ」。これが労働者たちの心をつかんだのです。

福音派の原点

アメリカ人が信じる宗教の約七〇%がキリスト教で、約五〇%がプロテスタントです。さらにプロテスタントの半数、つまり全体の四分の一にあたる人が福音派プロテスタントです。

福音派は、基本的に聖書の記述を一言一句真実だと考え、その教えの通りに生きることに価値を置く宗派です。そもそもは一六世紀の宗教改革のときにマルティン・ルターやジャン・カルヴァンらが教会の権威を批判して、聖書（福音）に立ち返ることを提唱した福音主義から始まります。

宗教改革以前、聖書はギリシャ語かラテン語でしか読むことができませんでした。ですから神父はギリシャ語やラテン語を勉強して、一般大衆に教えを説いていました。つまり一般の人たちは聖書をじかに読むことができなかったのです。これをルターやカルヴァンが、自分たちで聖書を読めるようにしなければいけないと考え、ドイツ語、フランス語、英語というそれぞれの言語に訳していきます。折しもグーテンベルクの活版印刷が登場し、聖書が大量に印刷されて多くの信者たちが読めるようになったのです。そしてそれを目にした信者たちは、聖書に書かれていることこそが真実であると信じていくようになります。

とりわけカルヴァン派は、神の救済にあずかる者とそうでない者は予め決められているとされ、いくら善行を積み、教会に寄進しても救済されるかどうかには関係がないと考えます。ただ、神に救われると予め決められた者は、禁欲的に聖書に忠実に生きるはずだと解釈し、信仰をあつくしていきます。

イギリスでは、ヘンリー八世の時代に、ローマ・カトリックからの影響力を排除するために宗教改革が行われ、イギリス国教会を成立させます。ヘンリー八世が離婚を望んだのにカトリックでは離婚が認められないために、自分が離婚できるようにカトリックから離れたのです。ローマ・カトリックに抵抗したのでプロテスタントと分類されてはいますが、そもそもは国王の離婚という事情によって分離しただけで、国教会の教えや儀式はカトリックに近いものでした。

これに対し、本来のプロテスタントの姿を求めて、イギリスでカルヴァン派の信者が急速に増えていきます。聖書を一途に信じるカルヴァン派を国教会は「ピューリタン（純粋な）」と揶揄します。ここからピューリタン＝清教徒になりました。

やがてピューリタンはイギリスの国教会改革を求める勢力にまでなりますが、その壁は厚く、次第に抑圧を受けるようになります。こうして彼らは、新天地アメリカを目指すことになったのです。このピューリタンこそが、アメリカの福音派の原点なのです。

約束の地とノアの方舟

ピューリタンたちが上陸した新天地アメリカには、先住民（ネイティブアメリカン）たちが住んでいました。先住民たちが入植者たちと接触すると、次々に病に倒れていきます。入植者たちがヨーロッパから知らずに持ち込んだ病原体が原因で、免疫のない先住民に感染したのですが、当時はそのようなことはわかりませんでした。そこで敬虔なキリスト教徒である入植者たちは、『旧約聖書』の一節を思い起こします。

旧約聖書の『出エジプト記』に、虐げられていたユダヤ人を神の言葉を聞いたというモーセが脱出させる記述があります。そこで神が彼らの子孫に与えると約束したのがカナン。これが「約束の地」といわれています。ユダヤ人にとっては、この「約束の地」が現在のパレスチナ地方、つまりイスラエルなのです。

ユダヤ人たちがカナンの地に着くと、カナン人たちは抵抗し、戦闘になります。そこでユダヤ人たちが神に「カナン人を渡してください。私たちが絶滅させます」と言うと、神がカナン人をユダヤ人に渡し、カナン人を絶滅させたという記述があります。

聖書に忠実なピューリタンたちは、先住民が倒れていくのは、アメリカが約束の地であり、神が先住民を排除してくださったのだと思い込むのです。

こうなると、ピューリタンたちにとってアメリカは神に与えられた土地であるから、先住民から土地を奪おうと居留地に押し込もうとかまわないのだと考えてしまいます。これがアメリカ建国のDNAに組み込まれていくのです。

また旧約聖書にはノアの方舟《はこぶね》についての記述があります。地上に増えた人々の堕落を見た神は、洪水を起こしてこれを滅ぼすことを決めます。神に忠実なノアに方舟をつくることを命じ、ノアと妻、三人の息子と妻たち、すべての動物のつがいを舟に乗せさせます。こうして四〇日続いた大雨によって引き起こされた洪水は、方舟に乗せられた以外のすべての生き物を滅ぼしてしまいます。

四〇日後、静かになった外の世界を確かめるためにノアは鳩を放します。鳩はすぐに戻ってきますが、七日後に再度放すと鳩はオリーブの葉をくわえて戻ってきます。これでノアは神の怒りがやわらいだことを知るのです。方舟を出たノアの家族と動物たちを神は祝福し、すべての生物を滅ぼすような洪水は二度と起こさないと約束します。

これら聖書の一言一句が正しいと信じる福音派の人たちにとってみれば、人間は神が創造されたのであって、人間がサルの仲間から進化したなどという進化論はとんでもないということになります。かつてアメリカ南部の州では「進化論禁止法」という法律までありました。いまはさすがに法律はなくなりましたが、それでも「公立学校に通わせると進化論を教えられてしまう」と恐れて、我が子を学校に通わせない家庭もあるのです。

二〇二四年二月、アメリカのテキサス州ダラスでアメリカ大統領選挙の取材をしていた際、福音派の若い女性にインタビューしたことがあります。彼女は福音派が運営する大学の卒業生で、ダーウィンがいかに間違っていたかを熱弁していました。もちろん熱烈なトランプファンでした。

福音派に言わせると、神はアダムとイブという男女をお創りになったのですから、それ以外は存在するはずがないことになるのです。ＬＧＢＴＱというものも存在しないことになります。さらには、神は二度と洪水は起こさないと約束されたのですから、地球温暖化によって洪水が起こることもありえないのです。

アメリカの宗教主流派である福音派に目をつけたのがトランプでした。福音派の八割近くは共和党の支持者です。しかしトランプ自身は離婚歴もあり、カジノを経営していたこともあって決して福音派が支持するような候補者ではありませんでした。そこでトランプは、福音派の指導者との結びつきを強めるために、二〇一六年六月に福音派指導者諮問委員会を組織します。それでも共和党の予備選挙の段階では、多くの福音派の有権者は同じ共和党のテッド・クルーズやマルコ・ルビオなどを支持していました。ところが他の候補が撤退するにつれ、その票がトランプに集まることになります。そして敬虔な福音派として知られるマイク・ペンスを副大統領候補に指名することによって、福音派の支持を決定的にしました。

一方のヒラリー・クリントンはフェミニズムを代表するような候補者で、妊娠中絶の権利も主張していました。たとえトランプが福音派にとって望ましい候補者でなくても、福音派の有権者が民主党を支持することはなかったのです。

テレビがトランプを有名にした

不動産王を自任するトランプですが、父親から受け継いだ会社を四度も倒産させています。そのたびに会社を破産させて借金を棒引きさせてしまいます。つまり経営手腕があったわけではなく、倒産すると「ディール」（取引）で損害を被らないようにしてきたのです。しかし、そのトランプを一躍有名にしたきっかけが、「アプレンティス（見習い）」というテレビ番組でした。

「アプレンティス」は、NBCネットワークで二〇〇四年から二〇一七年まで続いたリアリティ番組（素人の言行をリアルに描く番組）で、成功を収めた億万長者という肩書のトランプがホストをつとめるものでした。

一般の応募者から選ばれた十数人の見習い社員に対し、トランプがさまざまな課題を与え、その課題をこなしていく姿をドキュメンタリー的に追いながら社員の適性を測ります。毎週一人が脱落し、その脱落者に対して「You are Fired（お前は首だ！）」と言い渡すトランプの決めぜりふが流行語にもなりました。最後まで残った見習いは、「You are Hired!（君を採用する！）」と告げられ、トランプオーガニゼーションの社員になれるというものでした。

開始当初は視聴率が非常に高く、成功者トランプの名前が全米に広まる形になりました。しかしやがては飽きられてしまい、番組は打ち切りになります。

ところが二〇一五年にトランプが大統領選への出馬を表明した際、「アプレンティス」スタイルで対抗馬を蹴落とす姿を各テレビ局がニュースで伝えると話題を呼び、各局ともトランプの発言を伝えるために多くの時間を割いたのでした。

予備選挙の期間中には候補者が集まって公開で討論会が行われます。全米にテレビ中継され、ここでもトランプは際立って目立ちます。通常討論会は、各候補が自身の政策や方針を表明して、それについて候補者同士が討論するものなのですが、トランプはそういうことはしません。子供の口げんかレベルで相手を攻撃します。差別発言も平気で、時には猥褻な言葉も使います。これが収録番組ですと、不適切な言葉はカットされるのですが、討論会は生放送ですからすべてが放送されます。他の候補者が懸命に政策論争に持ち込もうとしても、トランプは相手の弱点を攻めるばかりでした。

討論会では有力候補の一人だった元フロリダ州知事のジェブ・ブッシュもトランプに蹴落とされます。ジェブ・ブッシュは第四一代大統領のジョージ・H・W・ブッシュの息子で第四三代大統領のジョージ・W・ブッシュは兄にあたります。このときトランプは、兄のジョージ・W・ブッシュ前大統領が二〇〇三年にイラク戦争を始めたことについて「あれは、とんでもない大きな間違いだ」と激しく非難しました。

これに対して「トランプ氏がテレビのリアリティ番組を作っている間、兄は私たちの安全を守るための仕組みをつくっていた。兄の行ったことを誇りに思っている」とブッシュは反論します。兄の政治を持ち出されて非難され、イラク戦争は国民に不評でしたから、結果としてブッシュの印象は悪くなります。

全米のテレビ局がトランプを追いかけると、ほとんど政治に興味のなかった人たちが、トランプを面白がります。小難しい討論会など見向きもしなかった人たちが、トランプを見ようとチャンネルを合わせるわけです。そしてそれまで選挙に行かなかった人たちが共和党員になり、トランプを支持します。二〇一六年、共和党が大統領候補を決めるための党大会に出席する代議員を選ぶ予備選挙が行われました。この予備選挙には、当日会場に行って共和党員に登録できる州もあります。トランプ支持者たちは、ここで共和党員になってトランプを党の候補者にすべく投票します。この結果、この年、共和党員は激増します。

しかし、この様子に呆れて共和党を去る党員もいて、共和党はトランプ支持者に乗っ取られます。共和党は「トランプ党」になってしまったのです。

テレビ局CBSニュースの社長が、当時こう言っています。「トランプが大統領になることはアメリカにとって悪いことだが、テレビにとってはとてもいいことだ」

トランプのおかげでテレビ各局は増収。テレビの視聴率至上主義が、トランプを後押ししたのです。

トランプが名声を求めたSNS

トランプがツイッター（現在はX）を駆使したことは有名です。フォロワーの数も一時は二〇〇〇万人を超え、二〇一三年からは年間で三〇〇〇から八〇〇〇ものツイートをしています。情報内容は不確実なものも多く、「ほぼ間違い」「間違い」「全くの間違い」が7割もあるという調査結果もありました。それでも「フェイク」を含めたトランプのツイートは、支持者を増やす原動力になりました。

オバマ元大統領はアメリカ生まれではなく、したがって大統領選挙には出馬できないはずだ、という陰謀説は二〇〇八年あたりからあったのですが、これを取り上げて拡散させたのがトランプでした。

アメリカの大統領になる条件は三つあります。アメリカ生まれであること、三五歳以上であること、アメリカに一四年以上継続して住んでいることです。オバマ元大統領はハワイ州が発行した出生証明書の抄本を公表し、さらに原本まで公表すると、トランプは「俺のおかげでオバマがアメリカ生まれであることが証明された」と言ってのけます。フェイクだとわかっていてもトランプの発言を面白がる人がいて、そしてここでもまた、支持を増やしていくのです。

トランプ本人は「もしプレスが私のことを正確に、敬意をもって報じてくれるなら、私が〝ツイート〟をすべき理由ははるかに少なくなるだろう。悲しいことに、そんなことが起こるのかどうかわからないが」と述べ、メディアに対する強い不信感をのぞかせています。

二〇一六年の選挙期間中、ワシントン市内でのイベントでトランプは「オバマ大統領は米国で生まれた」と初めて認めました。ところがオバマ大統領の出生地をめぐる疑惑は、民主党のヒラリー・クリントンとその陣営が、二〇〇八年の大統領選で最初に取り上げたと言い出し、自分がその疑惑問題を終結させたのだと自身を正当化したのでした。

ちなみにオバマ大統領の出生証明書原本が公開された後の、二〇一一年四月三〇日、ホワイトハウス記者協会主催の夕食会が行われます。大統領はジョークや自虐ネタで会場を沸かせるのが慣例になっています。ここでオバマ大統領はあらためて出生証明書を提示し、「私が生まれたシーンをお見せします」と言って、ディズニー映画の『ライオン・キング』の一シーンを流します。それはケニアの大地でライオン・キングが誕生する場面で、日付はオバマ大統領の誕生日になっていました。そして「そこに座っているFOXニュースの方。念のために言っておきますが、これはジョークですよ。私の生まれたシーンではありませんからね」と言って大爆笑を誘ったのです。

FOXニュースは共和党べったりのニュース専門チャンネルで、ひいてはトランプをからかったのでした。さらに「あそこまで私を批判するトランプ氏は、大統領になりたいんでしょうか。もしトランプさんが大統領になったら、ホワイトハウスはこうなるでしょう」と続け、カジノに変貌したホワイトハウスの絵を見せたのでした。このパーティーにはトランプも出席していました。衆人の前で大恥をかかされたトランプの憎悪はいかばかりか。これが政権をとった後のトランプが、オバマの実績をことごとくひっくり返していく原因にもなったのでした。

大統領選挙の仕組み

ここでアメリカ大統領選挙の仕組みを簡単に説明しておきます。

アメリカは民主党と共和党のいずれかが政権を担当する二大政党制です。別の候補者が出ることもありますが、組織力のある二大政党の候補者が当選してきました。

それぞれの候補者を選ぶのが、各党の予備選挙と党員集会で、大統領選挙の年の一月から始まります。有名なのがスーパーチューズデーと呼ばれる多くの州で一斉に行われる予備選挙で、二〇二四年は三月五日でした。このあたりで、各党の候補者が絞られていきます。

最終的に党の大統領候補が決まるのが、全国党大会です。七月から八月にかけて各党で実施され、予備選挙や党員集会の結果を受けて正式に大統領候補が指名されます。この各党の指名を受けた二人の候補者が、一一月の本選挙に向けて争うことになります。

アメリカの大統領選挙は、有権者が候補者に投票するので直接選挙のように見えますが、得票数だけで選ばれるのではなく、各州の投票結果を「選挙人」が代表して本選挙に臨むという間接選挙です。

全国五〇州とコロンビア特別区（首都ワシントン）には人口比で選挙人の数が決められていて、全米の五三八人の選挙人のうち、過半数の二七〇人以上を獲得した候補が大統領になります。有権者が候補者に投票して各州の勝者が決まりますが、原則として勝者がその州の選挙人すべてを獲得します。たとえば二〇二四年の場合、アラスカ州の選挙人は三人ですから、ここで大差で勝っても獲得する選挙人は三人です。一方で、カリフォルニア州の選挙人の数は五四人。ここでは僅差の勝利であったとしても五四人の選挙人を獲得することになります。勝利した州の数ではなく、いかに多くの選挙人を獲得するかが重要になってきます。ただし、メーン州とネブラスカ州では選挙人を総取りするのではなく、州全体で得票数の多かった候補者と、下院議員選挙区ごとで得票数の多かった候補者に、それぞれ選挙人を分配します。

選挙人は、各党から予め選ばれた党の代表ですから、最終の選挙人による投票で有権者による選挙結果が覆るようなことはまずありません。まれに「不誠実な選挙人」と呼ばれる、自身の党以外の候補者に投票する選挙人もいますが、大勢に影響したことはありません。

日本の首相は、通常は国会で議員数の最も多い政党から選ばれることになっていて、政党内の選挙でほぼ決まりますが、これとは大きく違っています。間接選挙ではありますが、有権者は候補者を選んで投票しますから、四年に一度の大イベントになるのです。

国民が選んだのは

二〇一六年の大統領選挙では民主党のヒラリー・クリントンと共和党のドナルド・トランプの戦いになりました。その結果、獲得した選挙人の数は、クリントンが二三二人でトランプが三〇六人、二七〇人を超えたトランプが大統領になりました。ところが全米の総得票数はクリントンが約六四二〇万票でトランプは約六二二〇万票、クリントンの方がおよそ二〇〇万票も多く獲得していました。つまり有権者が実際に選択したのはクリントンだったのですが、独特の選挙制度のためにトランプが大統領になったのです。

この「ねじれ現象」は過去にもありましたが、すべての候補者が選挙制度の前提条件を理解した上で戦っているわけですから、結果について文句を言うことはありません。候補者が互いに制度を認めているので、負けた候補者は敗北宣言をして、選挙結果を受け入れたことを表明します。そして勝者が勝利宣言をするというのが慣例になっています。

しかし二〇一六年の選挙でトランプの当選が決まると、各地で抗議の集会やデモが行われました。「私たちの大統領ではない」というプラカードを掲げ、移民や同性愛者の権利、人工妊娠中絶の権利をめぐるトランプの発言に反対する声を上げました。この時点で現職のオバマ大統領は、「我々は皆、彼が国を団結させ、導くのに成功するよう応援している」と述べ、敗北宣言をしたクリントンも「トランプ氏に国を導く機会が与えられるべきだ」と語って抗議活動の鎮静化を訴えました。

トランプ大統領の誕生がアメリカの分断を生んだ、といわれることもありますが、ここまで述べたように、移民の国アメリカ、民主主義の先端を行こうとしたアメリカには、ずっと以前からさまざまな分断が生じていたのです。人種差別があり、貧富の格差があり、宗教問題も抱えてきました。しかしそういう過去からの問題に真っ向から立ち向かい、理想の民主主義国家を目指したのもアメリカなのです。

ポリティカル・コレクトネスという言葉があります。「政治的に正しい」という意味で、アメリカの場合、差別的な言葉は避けて公平な表現をするべきだ、という意味で使われています。これはアメリカ社会で大きな流れになっていて、マスコミも差別的な表現を積極的に排除してきました。インディアンを先住民族といい、黒人をアフリカ系アメリカ人というようになったのもこの流れの中でのことです。

しかし自分たちの過去を否定できない人も多くいます。アメリカに限ったことではありませんが、かつては当たり前とされていた言動が不適切だとされると、反発する気持ちも芽生えます。そういう人たちの中には、仲間内で酒を飲みながら差別的発言をしたりして鬱憤《うっぷん》をはらす人もいます。内には差別意識や社会に対する憤懣があっても、表向きは発言するべきではないと考えていた。そこに、彼らの胸の内を代弁するかのような人物が現れた。しかも、大統領候補という立場で堂々と。それがドナルド・トランプだったのです。

アメリカの学校では、大統領は理想の人物であり、尊敬される人物であると教えられてきました。過去の偉大な大統領を例に挙げ、優れた人間性で国民を指導し、軍を指揮していける人こそが大統領になるのだと。ところが大統領候補が差別的な言葉を繰り返し、ライバルを罵るわけですから、多くの人が驚きました。

しかし白人至上主義的な考えや、アメリカが一番であるといった思いを抱いている人たちにとっては、トランプの言葉は自分たちの本音をすくいとってくれていると感じられたのです。よくぞ言ってくれた、と思った人も多かったのです。だからこそ最初は面白がっていただけの彼らもやがては熱狂し、それが大きなトランプ支持につながったのです。

トランプは、アメリカ国内でマイノリティになりつつある白人の代弁者として票を集めました。メディアとSNSを利用し、「強いアメリカ」を印象づけて大統領になりました。その結果、アメリカの良識によって埋められようとしていたさまざまな分断が再び表に現れることになり、広げられていくことになりました。その分断はトランプ政権によってさらに進められ、世界にも影響をおよぼすことになります。

第2章

第一期トランプ政権は何をしたか

二〇一七年一月二〇日（日本時間二一日）、首都ワシントンＤＣで大統領就任式が行われ、ドナルド・トランプが第四五代アメリカ合衆国大統領に就任しました。就任演説で繰り返されたのは「Make America Great Again（アメリカを再び偉大にする）」という、選挙戦での決まり文句でした。選挙戦を戦った他の候補者に敬意を示すため、選挙期間中のキャッチフレーズを就任演説では使わないのがそれまでの暗黙の配慮でしたが、トランプにはそのようなデリカシーはなかったようです。「アメリカファースト（アメリカ第一主義）」ばかりを強調する内容には、オバマ前大統領をはじめ、多くの列席者が困惑の表情でした。

政治経験のないビジネスマン大統領がホワイトハウスに入り、アメリカという大国をどう導いていくのか、世界が注目しました。

政権運営にあたって

アメリカでは政権が交代すると、閣僚だけでなく省庁のトップクラスまでが一新されます。その数は四〇〇〇人から五〇〇〇人に上ります。トランプが政権運営にあたり、まず決定したのが大統領首席補佐官のラインス・プリーバスと、首席戦略担当兼上級顧問のスティーブ・バノンでした。

ラインス・プリーバスは共和党全国大会の委員長で、党の政策の要綱作成や資金調達を担っていた共和党主流派の人物でした。選挙期間中、トランプの過去の女性問題で党内から離反者が出そうになったときにも党の結束を訴えてトランプの勝利に貢献しました。首席補佐官は大統領と議会の橋渡し役でもあります。上下院議会で多数派となった共和党との連携をはかり、トランプ自身の政策をスムーズに実行に移すためのプリーバスの起用でした。

スティーブ・バノンは選挙対策本部の最高責任者を務めていましたが、保守系ニュースサイト「ブライトバート・ニュース」の経営者でもありました。白人至上主義という点でトランプと非常に近く、ヒラリー・クリントンへの個人攻撃を指揮したトランプ陣営の重要人物でした。

スティーブ・バノンを側近に置くことによって、彼を支持した白人層を納得させ、一方でラインス・プリーバスを使って議会運営を円滑にする。これがトランプの狙いでした。

しかし、ラインス・プリーバスは政権内の協力者が次々に辞任して逆風にさらされ、退任に追い込まれます。スティーブ・バノンもまた、トランプの娘であるイヴァンカや、その夫のジャレッド・クシュナー大統領上級顧問と意見が対立し、辞任しています。

外交を担当する国務長官には、レックス・ティラーソンが選ばれました。当初、共和党の主流派はジョン・ボルトンを国務長官に置きたがっていました。ボルトンはジョージ・W・ブッシュ政権時代の国連大使で、ネオコン（新保守主義）の代表ともいえるような人物でした。アメリカをアフガニスタン戦争、イラク戦争へと推し進めた張本人といえます。一方で共和党には、ルドルフ・ジュリアーニ元ニューヨーク市長を国務長官に推す勢力がありました。ボルトン、ジュリアーニのいずれにしても政治経験は豊富で、ボルトンが国務長官になれば、トランプはジョージ・W・ブッシュのような大統領になったかもしれず、ジュリアーニならばレーガンのような大統領になったかもしれませんでした。

しかしトランプが指名したのは、コンドリーザ・ライス元国務長官やボブ・ゲーツ元国防長官らからの推薦があったレックス・ティラーソンでした。ティラーソンは大手石油会社エクソンモービルの会長兼CEO（最高経営責任者）でした。二〇一一年にはロシア国営石油会社ロスネフチとの合弁事業開始に合意し、プーチン大統領から「友好勲章」を授与されています。ロシアとの関係改善を期待した起用でしたが、ティラーソンもトランプ同様、政治経験のないビジネスマンでした。二人の手法の違いはたちまち目立つようになり、イランの核開発問題や北朝鮮との首脳会談開催をめぐっても意見が対立します。ティラーソンがトランプを「能無し」呼ばわりしたことで、トランプはツイッター上でティラーソンにクビを言い渡しました。

自分の側近をクビにするときには、本人を呼んでそれまでの活動に謝意を示して辞任を求めるのが通常の手法ですが、トランプはツイッターでクビを宣言するのです。トランプ本人から何の連絡もないまま、トランプのツイッターを見たメディアが速報し、そのニュースを見て自分がクビになったことを知る、というケースも相次ぎました。

国防長官にはジェームズ・マティスが選ばれています。元アメリカ中央軍司令官で、湾岸戦争やアフガニスタンでの対テロ作戦、イラク戦争などで部隊を指揮しました。また「アフガニスタンで悪いやつを撃ち殺すことは、このうえなく楽しいことだ」などの発言から「狂犬」とも呼ばれていました。本来、軍人経験者が国防長官に就任するには退役から七年以上の期間を経なければなりません。しかし、マティスは退役から三年しか経っていないにもかかわらず、連邦議会での承認決議で圧倒的支持を得て、特例で就任しています。その強硬姿勢は危険な存在になるとの憶測もありましたが、従来の同盟関係を重視して、暴走しがちなトランプのブレーキ役にもなりました。二〇一八年にトランプがＩＳＩＬ（自称「イスラム国」）との戦争に勝利したとして、シリアからのアメリカ軍撤退を表明すると、同盟国への根回しもないままの一方的な撤退宣言にマティスは激怒。同盟国に敬意を払うべきだとして反発し、辞表を提出しました。

トランプ政権の発足にあたり、すべての閣僚が決まったのが就任から約三か月後の四月二八日でした。これはオバマ前大統領とほぼ同じ時期でしたが、この時点で上院の承認を得た政治任命のスタッフは、オバマ前大統領、ジョージ・Ｗ・ブッシュ元大統領と比べて半数も決まっておらず、不安定な船出は明らかでした。

またトランプはオバマ大統領によって任命されていた世界中のアメリカ大使を一斉にクビにします。オバマ大統領に忠誠を誓うような人物を嫌ったからです。駐日大使だったケネディ大統領の娘のキャロラインも、このときクビになっています。その後しばらく駐日大使も含め、世界各地のアメリカ大使は空席になってしまいました。

TPPからの離脱

トランプが大統領になって真っ先に公約を実行したのがTPP（環太平洋経済連携協定）からの離脱でした。TPPは協定国間の関税だけでなく、サービスや投資の自由化を進め、知的財産、金融サービス、電子商取引の規律など、幅広い分野での経済連携協定です。オバマ政権が積極的に推進してきたこの協定について、トランプが大統領は「労働者にとって最悪の協定」と決めつけ、離脱を実行したのでした。

TPP（TPP11）は二〇一八年三月に、アメリカを除いた一一か国による署名がなされ、二〇一八年一二月に発効しました。協定国間の関税が引き下げられたことによって、日本はカナダやオーストラリアからの牛肉の輸入が増大します。それはアメリカ産牛肉の輸入減少を意味します。これに危機感を覚えたアメリカの畜産農家が改善を求めます。その結果、トランプは当時の安倍首相との二国間交渉に持ち込み、日米貿易協定を結んでTPPと同様の関税削減にこぎつけます。

もともとＴＰＰから離脱したから畜産農家に悪影響が出たのですが、トランプ大統領は、日本との二国間交渉でＴＰＰ並みの条件を獲得すると、自分の功績として宣伝しました。

ちなみにトランプは選挙中のテレビ討論会で「ＴＰＰは中国の陰謀だ」と発言し、他の候補者に「中国は加盟していない」と指摘されています。彼のＴＰＰの理解がどの程度であったかがうかがえます。

ＮＡＦＴＡも批判

一九九四年に発効したＮＡＦＴＡ（北米自由貿易協定）についてもトランプは、アメリカの貿易赤字を膨らませて雇用を奪ったと反発し、協定の見直しを公約に掲げていました。アメリカの要望で再交渉の結果、二〇一八年にＵＳＭＣＡ（アメリカ・メキシコ・カナダ協定）に置き換えることに合意し、二〇二〇年七月に発効されてＮＡＦＴＡは効力を失いました。メキシコで製造された自動車が無制限にアメリカに輸出されないように制限をかけるものでした。

ＮＡＦＴＡとは、一九九四年に発効したアメリカ・カナダ・メキシコの北米三か国を自由貿易圏にする協定です。三か国の間での商品の輸出入には関税をかけずに自由に貿易できるようにするものでした。もともと一九九二年にブッシュ大統領（父）が自由貿易を推進することがアメリカの利益になると考え、調印しました。

しかし、アメリカ国内ではアメリカの製造業の工場が安価な労働力を求めてメキシコに移転するのではないかとの懸念が労働組合を中心に広がり、議会での承認が得られませんでした。これはもっともな懸念です。そもそもブッシュ政権はアメリカ経済界に利益が出るように推進したのですから。

これに対しブッシュ大統領の後任のクリントン大統領もこれを推進。労働組合や議会の承認を得て成立させ、一九九四年に発効しました。当時のクリントン政権もまた自由貿易を推進していました。

いまになって振り返ると、世界経済がグローバル化する中で、アメリカの産業界は安価な労働力を獲得することで商品の国際競争力をつけようとしていたことがわかります。アメリカ製自動車の製造工場をメキシコに移転すれば、安いコストで生産でき、それを関税なしでアメリカに持ち込み、アメリカ製自動車として販売できるのですから。

これはアメリカの産業界にとっては福音ですが、自動車産業の労働者にとっては職が奪われることになります。トランプは、こうしたアメリカの製造業の労働者の懸念を理解し、NAFTAに反対したのです。自由貿易に反する動きですが、「国内の労働者を守る」という保護主義的な主張が、アメリカの労働者の心をつかんだのです。

アメリカへの不法移民を生み出す

NAFTAは当初、メキシコでの雇用の拡大につながると考えられていました。アメリカから工場が移転すれば、労働者の就職口が増えるからです。

ところがその一方で、メキシコ農業にはマイナスに作用します。アメリカで遺伝子組み換え技術によって増産され、安価になったトウモロコシが大量にメキシコに入ってきたからです。これによりメキシコの零細なトウモロコシ農家は立ち行かなくなり、農民たちは、国内の都市に流出するか、アメリカでの仕事を求めて国境を越え、不法移民となってアメリカに流れ込むことになりました。

この結果、メキシコからの不法移民が増大することにアメリカ国内で不安が広がると、二〇一六年の大統領選挙でトランプは「メキシコとの国境に壁をつくる」「費用はメキシコに負担させる」という公約を掲げます。壁の建設費をメキシコが負担するわけはないのですが、トランプの支持者たちは熱狂しました。

冷静に考えれば、アメリカの利益のためにメキシコ農業が立ち行かなくなり、不法移民が増えたのですが、そういうことまで頭が回らなかったのか、わかっていても無視したのか、トランプの「国境に壁を」の公約は多くの支持を得たのです。

そして大統領に就任すると、さっそく壁の建設に着手します。これにメキシコが反発したことで、建設はスムーズには進みませんでしたが、「公約したことは必ず実行する」というトランプの姿勢は、これまでの「口先だけ」の政治家の態度に不満を持っていた人たちの支持を得たのです。

国境の壁と移民問題

大統領就任直後、トランプは不法移民への規制を強化する大統領令に署名し、メキシコとの国境沿いに「壁」を建設するように連邦政府に指示しました。これにメキシコ政府は強く反発します。メキシコのペニャ・ニエト大統領は予定されていたトランプとの首脳会談を中止すると発表し、両国の対立は深まりました。

メキシコからアメリカへの移民の数は、一九九〇年代から急増します。その時期にアメリカに住むメキシコ生まれの人口は、四五〇万人ほどでした。それが二〇一〇年代になると一二三〇万人を超えています。そのおよそ半数がビザを持たない不法移民だとされています。

　そもそもアメリカとメキシコの国境には、トランプが大統領に就任する以前から、およそ一〇〇〇キロメートルにおよぶ柵などが設置されていました。さらにアメリカは、不法移民や麻薬の流入を防ぐために警備を行っていました。しかし、国境線は三〇〇〇キロメートル以上にもおよび、完全に流入を防ぐのは困難な状況にありました。

　トランプは就任直後にもメキシコとの国境に壁を増設するつもりでしたが、メキシコ政府との対立もあり、すぐには着手できませんでした。さらに二〇一八年の中間選挙では下院において民主党が多数を占める結果となり、上院は共和党、下院は民主党というねじれ状態になります。この下院において、壁の建設は反対にされます。

　するとトランプは非常事態宣言を出すことによって、建設の費用を確保すると発表しました。アメリカでは非常事態宣言を発令することで、大統領が通常の政治手続きを経ないで、防衛予算を利用することができるようになっています。これにより、トランプ政権は壁の建設を実施。新たに一三〇キロメートルほどの国境の壁をつくり、すでに

建設中のメキシコとの国境の「壁」

あったフェンスも新しいものにつくりかえました。

アメリカが受け入れる難民の数は割り当て制になっていて、最終的にこれを決定するのは大統領です。難民としてアメリカに受け入れられるには、国外から難民認定を申請しなくてはならず、母国において迫害されているとアメリカ当局を説得しなくてはなりません。この難民認定が以前以上に厳しくなったことが、移民流入の抑止になったようです。

トランプは壁の成果をアピールしましたが、この問題は簡単に解決されるものではなく、次期のバイデン政権に引き継がれることになります。

またトランプは選挙期間中から「すべてのイスラム教徒の入国を禁止すべきだ」と主張していました。

二〇一七年一月、トランプは大統領に就任するとすぐに「テロ対策強化」の一環として、イスラム教徒が多数を占める七か国の国民の入国を九〇日間禁止し、難民受け入れを全面的に一時停止する大統領令に署名しました。この七か国とは、スーダン、シリア、イラン、イラク、リビア、ソマリア、イエメンです。トランプ大統領は「アメリカ国内にイスラム過激派のテロリストはいらない。我々はアメリカを支持する人たちだけを受け入れたい」と述べましたが、全米各地で抗議デモが起きました。さらに世界各地の空港で、アメリカ行きの航空便への搭乗が拒否される乗客が相次ぎました。

この大統領令に対し、全米各地で執行の停止を求める訴訟が起こされ、ワシントン州の連邦地方裁判所は、全米で大統領令の即時停止を命じる仮処分を出すなど、大きな混乱になりました。連邦控訴裁判所も「この七か国の人が、アメリカ国内でテロを起こしたという証拠を示していない」として、連邦地裁の判断を支持しました。

これを受けて、トランプ大統領は変更を加えた大統領令を三月に出します。イラク国民がリストから除外され、シリア難民への無期限入国禁止が取り下げられました。さらに九月には三回目の変更がなされ、北朝鮮とベネズエラ、チャドが加えられ、スーダンが除外されました。これについては下級審でも執行が認められました。

入国を制限する一方で、国内の不法移民の摘発にも乗り出します。二〇一八年四月、トランプ政権は南部国境を越えるすべての違法入国者を例外なく起訴するように、連邦検察官に命じます。これは家族で国境を越えた場合、親子が離される結果となりました。起訴を待つ間、親は留置場に置かれますが、子供は政府機関が用意したシェルターに移され、面会が困難になりました。これによって約二五〇〇人の子供が親から引き離される結果となり、批判が高まります。結局六月には新たな大統領令を出し、親子を同じ場所に留置するようになりますが、これが、新たに家族で国境を越えようとする人たちへの警告になりました。

さらに二〇一九年七月、不法移民の家族を対象に、移民関税執行局（ICE）による一斉摘発を行います。摘発された不法移民は、母国に強制送還です。この一斉摘発での強制送還は、全体の送還数からすると目立つ数字ではありませんでしたが、一斉摘発を報道させることによって「強いアメリカ」を印象づけようとしました。

これらの「不寛容政策」は政権内部からも反対がありましたが、トランプ政権は「国民の雇用と治安を守る」とアピールしました。その結果、アメリカに入ろうとする人たちが入国を諦めることにつながり、トランプ政権時代は不法入国者が減少します。しかし、移民に寛容なバイデン政権になると、「バイデン政権なら入国を認めてくれるだろう」と希望を持った人たちが南部国境に押し寄せることになります。

イスラエルのアメリカ大使館をエルサレムに

トランプ大統領は、「イスラエル寄り」の姿勢を強めます。アメリカにはおよそ七五〇万人のユダヤ系市民がいます。数でいえば人口の約二パーセント強に過ぎませんが、アメリカの政治に大きな影響を与えているのが、ユダヤロビーと呼ばれるユダヤ系の個人や団体です。ユダヤロビーは資金力が豊富で、組織率や投票率が高く、共和党も民主党も無視できない存在になっています。

そのユダヤロビーに対してトランプが掲げた公約が、イスラエルのアメリカ大使館をテルアビブからエルサレムに移すというものでした。

エルサレムは、ユダヤ教、キリスト教、イスラム教の聖地であり、それぞれの宗教にとって重要な場所があります。一九八〇年にイスラエル国会は、エルサレムを首都とする法案を可決していますが、国連はイスラエルとパレスチナの交渉によって解決されるまでは認められないとし、各国も中東のイスラム教国に配慮して大使館をエルサレムに置くことを回避してきました。日本政府も大使館はエルサレムではなくテルアビブに置いています。

アメリカでは、一九九五年に議会でエルサレム大使館法が成立していて、一九九九年の五月末までに大使館をエルサレムに移すことになっていました。ユダヤロビーの支持を得ようと、議会では共和党も民主党も親イスラエルの議員が多かったからです。

しかしクリントン大統領からオバマ大統領までは、その執行を先延ばしにしていました。そもそも一九四七年に国連で成立した「パレスチナ分割決議」でエルサレムは国際管理とされていました。ところが一九六七年の第三次中東戦争でイスラエルはエルサレム全域を占領。エルサレムをイスラエルの首都と宣言していました。これは国連決議に反することですし、実行するとアラブ諸国からの反発が予想されたことから、歴代のアメリカ大統領は、議会の決議があっても、エルサレム大使館法の執行を先延ばしにしてきました。

しかし、トランプ大統領は歴代の大統領のような配慮(熟慮)とは無縁です。二〇一八年五月、トランプ政権は公約通り、アメリカ大使館をエルサレムに移転させました。

ただしエルサレムにはもともとアメリカ領事館があり、そこに大使館機能を移して看板を大使館という名前にするだけでした。

これにはパレスチナをはじめ、ヨーロッパ各国が反対を表明しました。ガザ地区では移転に抗議するデモ隊とイスラエル軍の衝突により六〇人近くが死亡しています。アラブ諸国に猛反発も予想され、第五次中東戦争の声も聞かれました。

しかし猛反発が予想されたアラブ諸国に大きな動きはありませんでした。その裏にあったのはビジネスという実利でした。

近年イスラエルのITなどのハイテク産業は急速に成長しています。アラブ諸国からみれば、イスラエルと敵対していてもいいことはなく、それよりイスラエルの先進ハイテク産業と自分たちのオイルマネーを結びつけて、新たなビジネスを展開する方がお互いの利益になると考えるようになったのです。

二〇二〇年、UAE（アラブ首長国連邦）とバーレーンがイスラエルと国交を結びました。この橋渡しをしたのがトランプ大統領でした。パレスチナ問題を飛び越え、ビジネスで新たな関係をつくる。イスラエルとアラブ諸国の接近は、ある意味でトランプ政権の功績になりました。しかし、パレスチナは置き去りにされ、イスラエルにさらなる攻撃を受けることになります。

オバマケアの見直し

日本には国民健康保険という国が提供する医療保険制度があります。保険適用の医療であれば、国民はどの病院に行っても、一割から三割の負担で診療を受けることができます。しかしアメリカには、この国民皆保険という制度がありませんでした。

アメリカにあった公的な医療制度は、高齢者や障害者などを対象とした「メディケア」と、低所得者を対象とした「メディケイド」の二種類で、一般の国民は雇用されている会社を通して民間の保険に入るか、個人で保険に加入するしかありませんでした。しかしアメリカの保険料は高額なため、国民の六人に一人が医療保険に加入できない状態でした。

アメリカは保険料も高額なら医療費も高額です。保険に入れない人が病気になっても、よほど症状が悪化しない限り病院には行けません。どうにもならなくなって初めて救急車を呼ぶことになります。アメリカでは、救急車で搬送された患者は、必ず治療しなくてはならないことになっています。すると、治療が終わった患者を待っているのは、高額な治療費です。病気になったがために、車や家を売ったり、治療費を踏み倒して逃げたりするケースも少なくありませんでした。患者が逃げた場合の病院用の保険があり、その保険料も治療費に上乗せされ、さらに医療費が高くなっていました。

ちなみに、二〇二〇年に世界に感染が広まった新型コロナウイルスで、初期にアメリカで感染し重篤化した患者がＥＣＭＯ（人工肺とポンプを用いた体外循環回路による治療）を使って治療したところ、その実費は一億円でした。このときは国のコロナ対策もあって患者の費用負担はありませんでしたが、日本では考えられないような医療請求があるのです。

国民の保険加入者の増大を目指してオバマ政権が推進したのが、医療保険制度改革法、通称オバマケアでした。ただしこれは、日本のような国民皆保険ではありません。すでに多くの人が企業を通じて、また個人で保険に加入し、その保険会社も相当数あります。これらに大きな影響を与えないで、加入者を増やすというもので、基本的には雇用関係で医療保険に加入できない人々のために医療保険交換所を設立して補助金を提供し、それでも保険に加入できない人々のためにメディケイドの受給資格を緩和するというものでした。

この法律は二〇一〇年三月に成立しましたが、その過程から成立後も共和党は反対していました。それまで個人で高額の保険料を支払い、また保険負担のある優良企業に努力して入った人たちにしてみれば、保険加入は個人の自由であるべきだし、中・低所得者ばかりが恩恵を被るのは不公平だという思いがあります。これを汲むのが共和党で、トランプも「オバマケア廃止」を公約に掲げていました。

トランプにとって公約は守るべきことではあったかもしれませんが、彼がとった行動は「まずオバマの実績を否定する」ことでした。かつて恥をかかされた恨みがあるのでしょう。政権発足直後、ただちにスタッフに改廃案をまとめさせて「イースター までには上下両院で法案を通過させ、大統領が署名する」と豪語しました。

しかしオバマケアを見直す案はなかなかまとまらず、共和党内からの離反もあって議会での審議は僅差で否決されました。というのも、トランプを当選させた共和党議員の中にも選挙区の支持者の中に「オバマケアのおかげで医療保険に入れた」と評価する人たちがいて、議員たちも、こうした声を無視できなかったのです。

さらに二〇二〇年、トランプ政権は医療保険制度改革法（オバマケア）の無効化を連邦最高裁判所に申し立てますが、原告の申し立ては却下されています。

結局トランプ政権はオバマケアを廃止にすることはできませんでした。国民の九四パーセントまでが医療保険に加入しましたが、医療費がさらに上がったのも事実で、それまで以上に負担が大きくなった家庭もあります。ただ、この制度によって保険に加入できるようになった共和党支持者も多く、「廃止」の可能性はなくなったと言っていいでしょう。「誰でも病気になったら治療を受けられる」というのは、多くのアメリカ国民にとって近づいたとはいえ、まだ完全ではないのです。

オバマの景気対策とトランプ減税

二〇〇八年九月、アメリカの投資銀行リーマン・ブラザーズの経営破綻をきっかけに、世界的な金融危機と不況に発展しました。いわゆるリーマン・ショックです。

それ以前、アメリカでは好景気が続いて住宅ブームが過熱しました。住宅バブルで価格が上昇すれば住宅の担保価値が上がり、優遇金利に借り換えできるという売り文句で、本来はローンが組めない低所得者層までマイホームを購入することができたのです。これがサブプライムローンです。サブプライムローンは金利が優遇されない高金利のローンですが、住宅価格の高騰で、多くの人がこれを利用して住宅を購入しました。しかしブームが去ると住宅価格は下落。返済不能者が続出しました。

これだけならアメリカ国内の問題で済んだのですが、サブプライムローンの債権が売却されていたことで、世界経済に大きな影響を与えました。つまり、実際にローンを貸し出した金融会社は、高リスクのサブプライムローン債権を投資銀行に売却していました。投資銀行はその債権を証券に細分化して、他の社債などと組み合わせて販売。それを世界中のヘッジファンドや投資銀行が、高利回りの金融商品として購入したのです。それリスクを世界中に拡散させたことが、リーマン・ショックにつながったのでした。

このときアメリカは大統領選挙中。共和党のブッシュ政権は対応に失敗。国民の間に「共和党ではダメだ」という意識が広がり、民主党のオバマ候補が大統領に当選する追い風になりました。

その結果、二〇〇九年に発足したオバマ政権は、いきなりの経済危機の処理に直面することになってしまいました。

オバマ大統領の積極的な財政・金融政策の結果、二〇一〇年から一六年まで、アメリカは年平均約二％の成長率を達成します。これは同時期の主要先進国の中で最も高い数字でした。

その八年をかけての経済政策が効果を見せ、景気が上向き始めたところで、トランプ政権に移行したのです。

二〇一七年一二月、トランプ政権は選挙中の公約通りに、法人税率を三五％から二一％に引き下げる大型減税策を成立させました。また個人所得税についても最高税率を三九・六％から三七％へと引き下げました。

大統領選挙の際、民主党のヒラリー・クリントンは低所得者には減税、高所得者には増税と言っていました。一方のトランプは、あらゆる階層に対して減税すると訴えました。一見トランプの方が公平に見えますが、そもそも低所得者はあまり税金を納めていませんから、減税の恩恵にはあずかることができません。ところが高額納税者にとっては、減税は大きなメリットです。「減税」をアピールして公約を果たしたかに見せましたが、実際は格差を広げたにすぎませんでした。

大幅な減税を受けた富裕層を中心に消費が拡大し、アメリカ経済は過熱気味に成長しています。この結果、黒人の就業率も上昇しました。いまのトランプ支持者は「トランプ大統領のおかげで好景気になった」という印象を持っているのです。

イラン核合意から離脱

イランの核開発は一九六〇年代から七〇年代、親米政権だったことから当時親しい関係にあったアメリカや西ドイツ（当時）の支援で始まりました。一九七九年にイスラム革命（イラン革命）が起きて王政が終わり、イスラム原理主義国家になると、最高指導者のホメイニ師の指示で核開発は中止されました。

ところが一九八〇年からのイラン・イラク戦争でイラクが核開発をしていることが明るみに出ると、その脅威に対抗するためにイランは再び核開発を始めました。

イランは核兵器の製造や保有を禁じる核拡散防止条約（ＮＰＴ）に加盟していますから、核開発の目的が核兵器ではなくエネルギーであると示すために、ＩＡＥＡ（国際原子力機関）の査察を受けなければなりません。そのＩＡＥＡの査察で、兵器への転用が疑われるウランの濃縮が長期にわたって行われてきたことが判明します。その結果、二〇〇三年九月、ＩＡＥＡの定例理事会は、イランに対する非難決議を採択しました。これを受けた穏健派のムハンマド・ハタミ大統領は、国際社会での孤立を恐れてウランの濃縮を中止します。

ところが二〇〇五年、保守強硬派のアフマディネジャドが大統領に就任すると、一転してウランの濃縮を再開しました。国連安保理は二〇〇六年にイランの核問題に対する決議を採択し、ウランの濃縮と再処理活動（使用済み核燃料から原爆の材料になるプルトニウムを取り出すこと）を停止することをイランに義務づけました。イランはこれに従わず、経済制裁を受けることになります。

しかし二〇一三年に穏健派のロウハニが大統領に就任すると、国際協調路線に方針を変えます。これによって対話が再開され、二〇一五年七月、オバマ大統領の尽力によって、イランとアメリカ、イギリス、ドイツ、フランス、中国との間で「イラン核合意」が締結されました。正式名称は「包括的共同行動計画（JCPOA）」で、イランは濃縮ウランや濃縮に必要な遠心分離機を大幅に削減し、これをIAEAが確認した後、イランへの経済制裁を段階的に解除するという内容でした。これが「イラン核合意」に至るまでの経過です。軍事衝突の可能性を外交交渉で回避させた「歴史的合意」ともいわれました。オバマ大統領の功績でした。

ところがトランプ大統領が当選すると、二〇一八年五月、アメリカは「イラン核合意」から離脱。イランに対する経済制裁を再開すると発表しました。その理由は、まず、イランの核開発の制限に期限があるということ。合意の一〇年から一五年が過ぎれば、また核開発を始めるだろうと言ったのです。二つ目は弾道ミサイルの開発を制限していないことを挙げています。そして三つ目は、アメリカがテロ組織と見なしている勢力に、イランが軍事・経済支援を行っていて、それが野放しになっていると言うのです。

三年を要した合意ですから、妥協も必要で、すべてがアメリカの要求通りになるはずはありませんが、これもオバマの実績を覆したいトランプの意向でした。トランプ政権が核合意から離脱したことで、イランをめぐる中東情勢は緊迫の度を高めることになります。これをイスラエルは歓迎します。イスラエルは、オバマ大統領の対応は「生ぬるい」と反発していたからです。トランプ大統領としては、イスラエルの要求を受け入れ、イランに対する締めつけを高めようとしたのです。そしてこれをアメリカ国内のユダヤロビーへのアピールにしたかったのです。イラン核合意に参加した国々も国連事務総長も核合意から離脱しないようにトランプを説得しましたが、トランプは耳を貸しませんでした。

これに対してイランのロウハニ大統領は、「アメリカは約束を守らない国だ」とトランプ大統領を強く非難しますが、核合意を認めたロウハニ大統領はイラン国内で批判を浴び、後任には保守強硬派のライシが当選することになります。

アメリカはトランプが明言した通り、イランに対する制裁を段階的に再開。その結果、イランは「核合意を順守しない」と宣言し、あらためて核開発を開始させました。

トランプによる身勝手な離脱は、合意に至ったお互いの信頼を無にするばかりか、過去の分断をよみがえらせ、さらに拡大することになったのです。中東情勢を一段と混迷させることになりました。

米朝首脳会談を実現

トランプ大統領が誕生した当時、北朝鮮の核開発が世界にとって大きな脅威になっていました。それまでのアメリカは、北朝鮮に対して経済制裁をかけていましたが、「北朝鮮が核開発やミサイル開発を止めれば制裁解除に向けて交渉に応じる」という姿勢を見せていました。これに北朝鮮は反発し、アメリカと北朝鮮が交渉する動きにはないまま北朝鮮はミサイルの発射実験を繰り返していました。しかし、トランプ大統領は、そうした過去の経緯には無頓着。北朝鮮との直接交渉は自身の功績になると判断。二〇一八年六月にシンガポールで史上初の米朝首脳会談を実現させたのです。

トランプ大統領と金正恩《キムジョンウン》朝鮮労働党委員長は六月一二日、シンガポールのホテルで史上初の首脳会談に臨み、共同声明に署名しました。

共同声明では朝鮮半島の完全な非核化への決意を確認したとする一方、焦点となっていた、非核化に向けた具体的な行動や検証方法、期限は盛り込まれませんでした。会談は行われたものの、関係が改善されたわけではないし、北朝鮮の核開発やミサイル発射実験に歯止めがかかるものではありませんでした。

北朝鮮と交渉するアメリカとしては、北朝鮮に対し、「完全で検証可能かつ不可逆的な非核化」を確約させなければ会談の意味がないと政権幹部が見ていましたが、会談ではそんな成果はありませんでした。二人が仲良く握手をしている映像を撮影されるのが目的だったのではないかと疑う声も出たのです。

結果的にトランプ大統領としては、これまで歴代の大統領が実現できなかった米朝首脳会談を実現させた、という実績がつくれれば良かったようにすら見えるものでした。

その後、米朝首脳会談は二〇一九年二月にベトナムのハノイでも開かれましたが、実質的な進展はありませんでした。さらに同年六月にも朝鮮半島の軍事境界線の板門店《パンムンジョム》で両者が顔を合わせましたが、ここでも進展はありませんでした。

滅茶苦茶だったコロナ対応

二〇二〇年に感染が爆発した新型コロナに関して、トランプ大統領の言動はアメリカに混乱を引き起こし、多数の死者と感染者を出す結果となりましたが、トランプ大統領は「非常にうまく対処している」と自画自賛に終始しました。トランプ大統領がどんな人物かよくわかる言動でした。指導者の選び方によって、国民生活には大きな影響があることを世界に知らしめました。

アメリカでは同年一月二一日に最初の感染が確認されたと発表されると、翌日にトランプ大統領は、事態は「完全に制御されている」と述べました。さらに一五人の感染者が報告されていた二月には、新型ウイルスは「かなり制御されている」とし、感染者数はすぐにゼロに近づくだろうと述べています。さらに三月になると、死者数が一〇万人から二〇万人程度であれば、新型ウイルスに「非常にうまく対処している」ことになると発言しています。驚くべき発想です。人間の命をどう考えているのかと問いただしたくなる発言でした。

しかし実際には四月までに感染者数は急増。新型ウイルスが発生した中国や、当時欧州で最も被害が甚大だったイタリアを抜き、パンデミックの中心地となりました。

感染が拡大すると、トランプ大統領は連日記者会見を開き、コロナ対策がうまくいっていると自画自賛。同年一一月の大統領選挙に向けての選挙運動の様相を呈しました。

記者会見にはアメリカ国立アレルギー・感染症研究所（NIAID）所長のアンソニー・ファウチ博士が同席し、トランプ大統領が間違ったり不適切な発言をしたりすると、即座に訂正しました。そのたびにトランプ大統領は不満そうな表情を隠しません。そのうちにトランプ支持者たちは、集会のたびに「ファウチをクビにしろ」と唱和するまでになりました。科学を無視したトランプ節を、支持者たちは歓迎したのです。

トランプ大統領の科学を無視した発言も騒動を引き起こしました。二〇二〇年四月、新型コロナウイルスの治療に消毒剤の注射が有効か研究するように提案したのです。トランプは「消毒剤でも新型ウイルスが一分で死滅するらしい。たった一分で。消毒剤を注射するとか、そういうのを可能にする方法はあるんだろうか」、「試してみたら面白いだろう」と述べました。

しかもトランプは自分の頭を指差しながら、「私は医者じゃないが、いいことを知っている人間なんだ」と述べたのです。これに対して医療関係者からは「無責任」で「危険な行為」などと非難の声が上がりました。

さらにトランプは、患者の体に紫外線を照射するのはどうかと提案しますが、政府の新型ウイルス対策チームの医師に却下されました。

この大統領の発言の後、メリーランド州では緊急の電話相談が何百件にも上っていると、記者がトランプに発言しました。するとトランプは、「なぜだか想像もつかない」とこたえ、「想像できない」と続けます。「電話相談が増えた責任を取るか」と問われると、トランプは、「いや取らない」と答えました。

メリーランド州の知事室は、消毒剤の飲用や注射をしないよう、州全域に警告を発したと発表しました。

コロナ対策が立ち遅れているにもかかわらず、非科学的な思いつきの発言で混乱を引き起こし、その責任はとろうとしない。アメリカは翻弄されました。

マスク着用が党派性を帯びた

新型ウイルスの拡散が進む過程で、アメリカではマスク着用が党派性を帯びてしまいました。アメリカの世論調査会社ピュー・リサーチ・センターが二〇二〇年六月に実施した調査では、過去一か月の大半の時間でマスクを着用していたと答えたのは、民主党員が八三％だったのに対し、共和党員だと四九％にとどまったのです。

マスクが感染防止に役立つとして、日本では多くの人が自主的にマスクを着用しましたが、アメリカはそうではありませんでした。マスクの着用を求められるのは個人の自由が認められないことになると反発した人が、とりわけ共和党支持者に多かったのです。

一方、民主党支持者の多くは公衆衛生当局の提言を受け入れ、マスクを着用しました。

当時、ニューヨークやカリフォルニアのような民主党が強い州ではマスクをする人が多く、アリゾナやケンタッキーなど共和党が強い州ではマスク姿をほとんど見かけませんでした。

この結果、「マスクをしている」＝民主党支持者、というイメージが生まれます。コロナの感染が拡大していてもトランプ大統領は各地で集会を開くなど選挙運動を展開しましたが、大統領本人も含めて参加者は誰もマスクをしていませんでした。トランプ大統領は頑としてマスクの着用を拒否し続けましたが、これはトランプ支持者の気持ちに寄り添うものでもありました。トランプの集会を取材に来た日本の記者がマスクをしていると、参加者から「マスクを取れ！」の大合唱が起きました。マスクの着用について他人から指示されたくないからマスクをしないはずの共和党支持者の行動としては論理的におかしいのですが、「マスクをするのは感染を怖がる臆病者の行動」と考える共和党支持者が多かったのです。

また、ここには宗教的な動機もありました。福音派の人たちにとっては、コロナ禍は

「神が与えた試練」でした。人間たちは神を信じずに放埒な生活を送っているので、怒った神が人間たちに試練を与えたと考えたのです。『旧約聖書』には、神を信じない人間たちを神が罰するエピソードが登場します。同じようなことが現代にも起きたと考えたのです。そこでマスクを着用することは「神の試練から逃れようとする卑怯な態度」と受け止めたのです。科学的知見より宗教的情熱が勝ったのです。

ワクチン接種をめぐっても対立

こうしたアメリカの分断は、コロナのワクチンが誕生した後も続きました。二〇二二年一月、バイデン政権が従業員一〇〇人以上の企業に対し、従業員にワクチン接種か週一回の検査を義務づけたところ、全米の半数以上の州が「憲法違反」を理由に差し止めを求めて提訴。これを受けて連邦最高裁判所が差し止めを命じました。理由は、担当する政府の労働安全衛生局に「公衆衛生を規制する権限はない」というものでした。

最高裁の判事は九人。保守派の六人は差し止めを支持し、リベラル派三人は差し止めに反対しました。ワクチン接種をめぐっても分断が広がっていることを示しましたが、半数以上の州が義務づけに反対したのには驚きです。アメリカでは、どうしてワクチン接種に反対する人がいるのか。その淵源《えんげん》をアメリカの憲法や法律から解き明かした本として『自由の国と感染症』（ヴェルナー・トレスケン著、西村公男・青野浩訳）があります。

著者は二〇一八年に死去しています。つまり本書はコロナの感染に触発されたのではなく、過去に天然痘のワクチン接種に反対する人たちがいたことを分析しているのです。

なぜアメリカには、ワクチン接種に反対する人がいるのか。それは、「反ワクチン主義者は、公的ワクチン接種プログラムを拒否し抗議する権利を、言論の自由や私有財産権と同じくらい基本的な権利だと考えていた」（以下、同書より）からだというのです。

アメリカ人が天然痘のワクチン接種プログラムに非協力になった契機は、南北戦争後、合衆国憲法修正第一四条の成立と批准であるといいます。修正第一四条は、「いかなる州も、法の適正な過程によらずに、何人からもその生命、自由または財産を奪ってはならない。いかなる州も、その管轄内にある者に対し法の平等な保護を否定してはならない」というものです。アメリカの反ワクチン主義者たちは、この条文を使ってワクチン接種義務化に反対してきました。

つまり各州は、もしワクチン接種を義務化したければ、「法の適正な過程」つまり「ワクチン接種を義務とする」という法律を制定しなければならない、と主張したのです。そして、「ワクチンは危険な毒物を体内に入れる危険な行為だ」と信じる反ワクチン主義者は、法律の制定に反対してきました。

たとえばノースダコタ州のある教育委員会は、すべての生徒に入学前に天然痘のワクチン接種証明の提示を求めていましたが、生徒の親が「教育委員会に命令を出す法的権限はない」と主張して提訴。州の最高裁判所は、この訴えを認めました。結果、ノースダコタ州ではワクチンを接種していない子どもが公立学校に通うのを阻止できず、ワクチン接種を義務づけた他の州に比べて、「ノースダコタ州の天然痘による死亡率が約一〇倍も高かった」というのです。

こうして著者は、こう結論します。「アメリカは自由で豊かであったにもかかわらず天然痘の罹患率が高かったのではなく、自由で豊かであったからこそ天然痘の罹患率は高かったのだ」

コロナのワクチンのうちファイザーとモデルナはいずれもアメリカの製薬会社ですが、アメリカでワクチン接種が進まなかったのは、アメリカが「自由で豊かだったから」。アメリカの分断は、南北戦争後も続いてきたのです。

政策よりも忠誠心、そしてディール

このようにトランプ時代を振り返ると、トランプ大統領の政策とは、前任者のオバマ大統領の実績をひっくり返すものだったということです。オバマ政権時代の実績を否定した後で、どのような政策をとるかの見通しもないまま実行に移したことで、イランの核開発再開のように国際情勢に大きな影響を与えています。

初期のトランプ政権は、トランプ大統領に政治経験がなかったため、自分を補佐する人材についての知識がなく、共和党員の中から実績がある人を選ぶしかありませんでした。彼らにとってトランプ大統領の言動は奇想天外。驚きながらも必死になって暴走を止めます。これがトランプにとっては不満でした。意にそわない人物は、次々にツイッターでクビを宣言しました。

その結果、トランプは周辺の妨害で自分の政策が実施できなかったという恨みを持ちます。そこで二〇二四年一一月に大統領選挙に勝利し、二〇二五年一月に大統領に就任すると、側近や補佐官は自分への忠誠心だけを基準に選ぶと公言しています。もし彼らに能力があれば幸いですが、トランプへの忠誠心だけを基準に選出すると、とんでもない人物が脇を固めることになるかもしれません。歯止めがかからないトランプ政権はどこに行こうとするのか。最近しきりに「もしトラ」という言葉が流行しているのは、世界がこの事態の出来《しゅったい》を恐れているからなのです。

また、トランプは「ディール」(取引)という言葉を好んでいます。国際情勢や国際貿易の場では、多国間の交渉や条約づくりには熱心ではなく、二国間での交渉で話をつけようとします。これが功を奏することもありますが、TPPからの離脱や、NATOからの脱退を示唆するなど国際情勢の混乱を招いています。

しかし、トランプの熱烈なファンにすれば、国際情勢など関心がありません。「アメリカファースト」でさえあれば、かまわないのです。

第3章

トランプの裁判の行方

検察官は選挙によって選ばれる

トランプは、四つの事件で起訴されました。このうちニューヨークの裁判では、陪審員がトランプに「有罪」の評決を下しましたが、裁判官による量刑言い渡しは九月です。一連の裁判を振り返ってみましょう。

起訴について本人は「民主党の陰謀だ」と主張しています。日本から見ると荒唐無稽な主張に見えますが、アメリカの司法制度を知ると、あながち荒唐無稽でもなく、トランプの主張に共感する支持者がいる理由が見えてきます。

日本で検察官になるには、まず司法試験に合格し、裁判官や弁護士志望の人たちと一緒に司法研修を受けなければなりません。その上で職種別に進み、検察官になるには検察庁に採用されなければなりません。そこに党派性はありませんし、政治とは切り離されなければなりません。ところがアメリカでは、検察官は選挙で選ばれます。民主主義は国民の選挙に支えられるという思想が、ここまで徹底されているのです。結果、検察官が党派性を帯びるのです。民主党の検察官、共和党の検察官が誕生してしまうのです。

アメリカの大統領選挙は四年に一度行われます。そしてその間の年に中間選挙が行われます。つまり二年に一度、大規模な選挙が実施され、このとき同時にさまざまな選挙が行われます。たとえば下院議員の任期は二年なので、二年ごとに全員が改選されます。上院議員の任期は六年ですが、二年ごとに三分の一が改選されます。

これ以外に州や地区においても行政、立法、司法の各分野の選挙が行われます。検察官をはじめ、民事裁判所の判事、教育委員会委員、保安官など多くの公職が選挙によって選ばれるのです。

アメリカの検察官の多くは、犯罪捜査をするよりは公判に重きを置いています。また選挙で当選するくらいですから野心家が多く、検察官をステップに政治家に転身する人が多くいます。選挙では、どのように犯罪を取り締まり、どのように治安を守るかなどの公約を掲げ、当選すればその公約を実践していきます。そこには当然ながら、党派性が生じます。つまり、共和党から立候補するか、民主党から立候補するかが有権者にとっては大事なことで、中立を堅持するために政治と切り離される日本とは、大きく違っているのです。トランプ大統領が起訴された事件四件のうち二件はバイデン政権の司法長官が行ったもの。残り二件のニューヨーク州とジョージア州の件は、いずれも民主党から立候補して当選した検察官が担当しています。「民主党の陰謀だ」という主張が説得力を持つのです。

陪審員による起訴と裁判

アメリカの陪審員裁判は、ドラマや映画でおなじみですよね。しかし、多くの場合、陪審員裁判は行われていません。

まず被告が罪を認めれば、いきなり裁判官が判決を下してそれで終わります。このケースが圧倒的に多く、逮捕された容疑者の八割は、こうして有罪判決を受けます。もし被告が無罪を主張した場合は、ここで起訴するかどうかを判断します。起訴には二種類の方法があります。それが「大陪審」と「予審（予備審問）」です。

大陪審は、起訴するかどうかを陪審員が決めるもので、その数は一六人以上二三人以下、となっています。大陪審は非公開で、検察官は陪審員に証拠を提示して、被告の犯罪を証明しようとします。検察官は陪審員に証拠を提示して、被告の弁護士は出席できません。ここでの陪審員は被告が有罪であるか無罪であるかを決めるわけではありません。検察官の証拠をもとに、あくまでも起訴できるかどうかを判断するのです。その判断は陪審員の多数決で決められます。州によって違いはありますが、およそ三分の二の賛成があれば起訴になります。弁護側の反対弁論もないので、大半は検察官の主張通りに起訴されることになります。

一方の予審は、検察官と被告の弁護士が出席して公開で行われます。検察官が犯罪の証拠を示し、弁護士が反論し、それを見て裁判官が起訴できるかどうかを決めるのです。

そして起訴となった場合、二通りの裁判があります。陪審員裁判（小陪審）と裁判官による裁判です。この二つのどちらにするかは、被告が選ぶことができます。裁判官による裁判では、有罪と認められれば判決が言い渡されます。陪審員裁判では、一二人の陪審員の全員一致で評決が下されます。つまり陪審員は有罪か無罪かだけを判断します。有罪の場合の量刑は判事が決めます。

四件の起訴内容

二〇二三年八月三日、司法省が求めていたトランプ前大統領への起訴をコロンビア特別区（首都ワシントン）の大陪審が認め、正式に起訴されることになりました。起訴内容は二〇二〇年の大統領選挙の敗北を覆そうと集計作業の妨害を図り、連邦議会占拠事件につながったというものです。

起訴状の冒頭で、「被告人ドナルド・J・トランプは（中略）二〇二〇年大統領選挙で敗れた。敗れた上でなお、被告人は権力の座にとどまるつもりでいた」と指摘し、そのために、前大統領が「うそと詐欺と虚偽を通じて、連邦政府の機能を妨げ、妨害し、無力にするため共謀した」としています。

起訴状ではさらに、トランプ前大統領は選挙で敗れたことを承知し、さらに副大統領や司法省幹部、国家情報長官、国土安全保障省など、正確な情報を得ているはずの自分の政権幹部から再三にわたり選挙において不正はなかったと説明されているにもかかわらず、事実を意図的に無視した上で、「選挙は不正だった」という自分の虚偽の主張を何か月にもわたり広め続け、複数の州政府幹部に圧力をかけ続けたとしています。

また起訴状では、前大統領が二〇二一年一月六日の議会襲撃を扇動したとしているわけではない、となっています。しかし捜査と起訴を主導する司法省のジャック・スミス特別検察官は、議会襲撃事件を「米民主主義の中枢に対する前例のない襲撃だった」と説明。「勝利したのは自分だ。選挙で不正があった」などとのトランプの虚偽の主張が、支持者の議会への乱入事件につながったと指摘しました。

この起訴を受けて、大統領選を戦うトランプ陣営は、無実は明白で、起訴はあからさまな選挙妨害だとし、「トランプ前大統領と支持者に対するこうした迫害の無法ぶりは、一九三〇年代のナチス・ドイツや旧ソビエト連邦、その他の権威主義的な独裁政権を想起させる」「こうした非アメリカ的な魔女狩りは失敗する」などと述べています。なんとも極端なたとえです。

機密文書を持ち出した

さらにジャック・スミス特別検察官のチームは、トランプ前大統領が機密文書を不正に取り扱ったとして、こちらの罪でも起訴しています。

これは大統領退任後、前大統領が私邸であるフロリダの「マール・ア・ラーゴ」に約三〇〇点の機密文書を持ち込み、保管していたというものです。

機密文書とは、その情報が開示された場合、国の安全保障に損害をもたらすような軍事や、核、大量破壊兵器、外国政府などに関する文書をいいます。情報を機密に指定するのは大統領や副大統領、行政機関の長や上級職員で、見込まれる損害が大きい順に「トップシークレット（最高機密）」、「シークレット（極秘）」、「コンフィデンシャル（秘）」

の三段階に分類されています。国の安全保障にかかわる重要な文書ですから、とりわけ厳重な管理が求められ、大統領と副大統領が退任するときには、公務に関する文書を国立公文書記録管理局に引き渡すことが義務づけられています。

トランプ前大統領は、招待客らとのイベントに使われる私邸の大広間にも機密文書の箱を積み上げていて、そこには「アメリカの核計画」「アメリカや諸外国の防衛・兵器能力」「アメリカや同盟国の軍事的弱点」「外国からの攻撃に対する反撃計画」などの内容のものもありました。

さらに起訴状によると、前大統領は顧問弁護士に対し、「ここには何もないとFBIに言って、それだけで済ます方がいい」と提案して、FBIの捜査を妨害しようとした、とされています。また自身が所有するゴルフクラブで、他国に対するアメリカの「攻撃計画」に関する文書を周囲に見せびらかしたとあります。ゴルフクラブは「情報の開示が認められていない場所」ですし、その相手も「機密閲覧権限を得ていない人物」です。

この検察側の主張に対し、トランプ前大統領は、すでに大統領自らが機密指定を解除していたと反論し、自身が運営するソーシャルメディアの「トゥルース・ソーシャル」で、スミス特別検察官を「頭のおかしい狂人」だと中傷しました。そして、「あいつはトランプを憎んでるんだ。『正義』に関する一切の事件にかかわっちゃいけない、頭のおかしい『サイコ』だ」と書き込みました。

さらにトランプ前大統領は、ジョー・バイデン大統領の元オフィスや自宅からも機密書類が見つかっていると指摘しています。これについてホワイトハウスは、バイデン大統領の関係者は、機密書類が見つかるとただちに当局に連絡し、対応に協力したと説明しています。つまり過ちであって、トランプ前大統領のような意図的なものではないと言っているのです。

しかし、このバイデン大統領の機密書類に関しては、第三者の立場で捜査にあたる特別検察官が任命され、捜査しました。その結果、特別検察官はバイデン氏を不起訴としましたが、その報告書の内容が物議をかもしました。報告書は、機密文書の不適切な取り扱いについてバイデン氏を有罪とするのは難しいだろうと指摘。その理由として、

「裁判になればバイデン氏は、私たちの聴き取りでしたように、思いやりと善意があり、記憶力に劣る高齢男性だという印象を、陪審に与える可能性が高い」と説明したのです。

つまりバイデン氏は「記憶力に劣る高齢男性」であると記したのですから、バイデン側は猛反発。トランプ陣営は大喜びというわけです。検察官の判断が、また分断を深めたのです。

ジョージア州フルトン郡は一八人を起訴

二〇二三年八月一四日、ジョージア州フルトン郡の大陪審は、トランプ前大統領を含む一八人を起訴しました。

その内容は、脅迫に関するジョージア州法違反、公務員に対する宣誓違反の教唆、公務員になりすますための共謀、第一級偽造の共謀、虚偽の供述および記述と虚偽文書の提出などとなっています。一八人には、前大統領の元弁護士のルディ・ジュリアーニ氏、元大統領首席補佐官のマーク・メドウズ氏、元ホワイトハウス弁護士のジョン・イーストマン氏とともに、元司法省職員のジェフリー・クラーク氏、前大統領の弁護士で、大規模な不正投票があったという根拠のない主張を広めたシドニー・パウエル氏とジェナ・エリス氏も含まれています。

アメリカにはマフィアなどの組織犯罪の浸透に対抗するために、一九七〇年にRICO法が制定されています。これは犯罪行為の命令を出した組織の幹部と、実際に犯罪行為を行った組織の末端構成員をまとめて摘発できる法律で、多くの州が連邦法のRICO法をもとに、州独自のRICO法を制定しています。ジョージア州はこの対象範囲が広く、フルトン郡のファニ・ウィリス地区検事は起訴内容を明らかにしながら「広範囲な選挙介入のために前大統領を首謀者とした共謀関係があった」と述べて、この法律の適用を求めました。アメリカの大統領経験者が、マフィアのボスを有罪にするために使われてきた法律と罪状で起訴されるのは、今回が初めてです。

トランプ前大統領側は「でたらめな起訴」だと声明を出し、この起訴はウィリス地区検事による政治的動機に基づく行為だと非難しました。実は、この言い分はあながち的外れではないのです。

先ほど述べたように、地区検事は選挙で選ばれます。そして、このフルトン郡のファニ・ウィリス地区検事は民主党なのです。民主党の地区検事が選ばれているということは、フルトン郡では民主党支持者が多いということで、ここで大陪審を開けば、ほぼ間違いなく起訴できます。大陪審自体が党派性を帯びることになります。ウィリス地区検事はトランプを起訴して大いに名前を売り、次期選挙の資金集めをしているとの報道もあります。つまり明らかに民主党としての選挙運動だと言っていいでしょう。

ところが二〇二四年三月、ウィリス地区検事が自ら任命したネーサン・ウェード特別検察官と不倫関係にあった疑惑が浮上します。ウィリス検事の資格剝奪はなんとか免れましたが、ウェード特別検察官は辞任に追い込まれました。

トランプ陣営は、捜査を率いた女性検事のファニ・ウィリス地区検察官の任命によって、恋愛相手のウェード特別検察官に給与が支払われていたことから、利益相反にあたるとして起訴の無効を訴えています。なんと別のスキャンダルまで持ち上がったのです。まるで泥仕合のようにも見えてしまいます。

不倫の口止め料をめぐり帳簿記録を改ざん

二〇二三年三月、トランプ前大統領はニューヨークの大陪審により起訴され、四月から裁判が始まりました。これはトランプがメラニア夫人と結婚した翌年の二〇〇六年に、元ポルノ女優のストーミー・ダニエルズ氏と性的関係を持ち、口止め料として支払った金額を事業費の中の弁護士費用として計上したことがニューヨーク州の法律に違反するという容疑です。

二〇一六年の大統領選挙期間中、トランプは当時の顧問弁護士であったマイケル・コーエンに指示して、不倫関係について発言させないように一三万ドル（約二〇〇〇万円）を支払っていました。マイケル・コーエン弁護士は、選挙資金法違反を含むいくつかの罪状を認め、禁錮三年の判決を言い渡され、すでに刑期は終了しています。トランプ自身もツイッター上で、自分の弁護士がストーミー・ダニエルズ氏に支払った口止め料を返済したと、事実を認めています。

不倫に関する金銭の支払い自体は違法ではありません。しかし、これを事業費（弁護士費用）として計上すれば、事業記録の改ざんと見なされて違法な行為にあたります。

この裁判は二〇二四年五月、一二人の陪審員全員一致で「有罪」の評決を行いました。これを受けて裁判官は九月に量刑を言い渡しますが、トランプは直ちに控訴すると言明しています。裁判はまだまだ続きます。

トランプ前大統領はここでも声明で「恥ずべき検事」だと、捜査にあたったニューヨーク・マンハッタン地区のアルビン・ブラッグ検事を非難。「民主党は『トランプを捕まえよう』という強迫観念にかられ、嘘をつき、ごまかし、盗みをはたらいてきた。そして今回、考えられないことをやってのけた。まったく無実の人物を露骨な『選挙干渉』行為で起訴したのだ」と述べました。そう、このブラッグ検事もフルトン郡のウィリス地区検事同様、民主党なのです。

裁判の行方

トランプに関する四件の起訴のうち、二件は司法省が行っています。司法長官は大統領によって起用が決まりますから、トランプにすれば、これはバイデン政権の陰謀だ、バイデンの民主党が我々を攻撃しているのだ、ということになります。

この一連の起訴について、トランプは、大統領の免責を主張します。大統領の免責とは「大統領としての公務の範囲内の行為については刑事責任を問われない」というものです。

二〇二四年一月、トランプはニューハンプシャーの集会で、「原爆投下はよいことだとは言えないが、第二次世界大戦を終わらせた」と語り、「当時のトルーマン大統領も大統領が免責される特権がなければ『対抗勢力に起訴されるからやりたくない』と言っただろう」と述べました。トルーマン大統領と原爆投下を引き合いに出して大統領には免責が認められるべきだと主張したのです。

トランプは理解せずに言ったのでしょうが、これは原爆投下が戦争犯罪だと認めたことになります。大統領には免責の特権があるから、トルーマンは現職のときも大統領を退任してからも罪には問われなかった。だから自分も、現職時代の三件の起訴については免責されるべきだというわけです。つまり、原爆投下が戦争犯罪だと認め、さらに自分が起訴されている件についても、犯罪であったと認めたことになるのです。

検察側は、トランプの主張が認められるならば、大統領は気に食わない人間を殺しても罪に問われないことになると反論します。

これについて連邦控訴裁判所は、判事の全員一致でトランプの主張を退けました。ところが上訴した連邦最高裁判所は、審理を進めることを決定しました。

アメリカの連邦最高裁判所の裁判官は終身制で、死亡するか本人が辞任するかでなければ新たな判事は生まれません。現在の九人のうち、三人がジョージ・W・ブッシュに任命され、二人がオバマ、三人がトランプ、一人がバイデンによって任命されています。つまり六人が共和党政権時に任命されたことになります。さらに六人はカトリックで、国民の比率とは大きく異なっています。国民が選んだ大統領が任命するから、間接的に国民が選んだことになるという論理なのですが、共和党が妊娠中絶を認めたくないから、このような構成になっているともいえるのです。

日本の場合もアメリカと同じように、最高裁判所の裁判官は総理大臣が指名し、国会が承認することになっています。定年は七〇歳で、定員一五人。その内訳は裁判官六、弁護士四、学識者五（大学教授一、検察官二、行政官一、外交官一）の枠が長年の慣例とされてきました。そして弁護士の分野は、日弁連（日本弁護士連合会）の推薦のもとに任命されてきました。ところがこの慣例を破ったのが、安倍晋三首相でした。日弁連の推薦を無視して、自分の推す弁護士を任命したのです。さらに安倍首相は、内閣法制局長官も日本銀行総裁も、慣例を破って自身で任命しました。「権限があるなら何でもやる」。こんな安倍首相とトランプは、どこか重なって見えます。

連邦最高裁判所は七月、四件のうち二件について大統領の免責特権を認める判決を出しました。賛成したのは保守派の六人、反対はリベラル派の三人。ここでも分断が露呈しました。

残り二件についても、大統領に就任する前に有罪判決が出ていたら、自分に恩赦を行うというウルトラCがあります。アメリカ大統領には、有罪判決を受けて服役している人物に恩赦を与えることができます。すでに服役を終えている人に刑の言い渡しがなかったことにすることもできます。トランプは一期目の最後に自分の友人たちやトランプ大統領を当選させるために不法な手段に出て服役した人たちに恩赦を与えているのです。

しかし、自分に恩赦を与えるというのは前代未聞。認められるかどうかは連邦最高裁判所が判断することになるでしょう。まだまだ話題を提供してくれそうです。

民主主義が生む分断

　そもそもアメリカは民主党と共和党の二大政党制をとっていて、民主党がだめなら共和党、共和党がだめなら民主的というように政権交代をして政治を維持してきました。そして小選挙区制ですから、ほとんどの選挙区で民主党と共和党の一対一の戦いになります。

　たとえばそのどちらかが「銃の規制をすべきだ」と主張したとします。すると、その対立候補に全米ライフル協会（NRA）が多額の選挙資金を提供します。それによってテレビコマーシャルなどで大々的に宣伝をして「銃の規制は必要ない」と訴える方が勝ってしまうのです。小選挙区制は民意がより反映されるはずなのですが、そういうリスクもともなっているのです。結果的に「銃規制をするべきだ」と考える候補者も、選挙の結果を考えるとそれは口に出せないということになってしまいます。まれに「銃規制をするべきだ」と発言する議員もいますが、そういう人は次の選挙には出ません。引退間際になって、本音をもらしたりするのですね。

韓国はアメリカ同様、国民が大統領を選びます。現在、保守系の「国民の力」が政権を担い、革新系の「共に民主党」が野党として政権を狙っていますが、足の引っ張り合いばかりが目立ちます。

選挙制度でいえば、完全比例代表制をとっているのがイスラエルです。これは国民の多様な意見を選挙に反映させることができる一つの方法といわれています。少数が支持する政党でも議席が得られ、政治に参加できる仕組みです。ところがその制度を採用したイスラエルでは、極右の政党までもが議席を獲得しています。たとえば「イスラエルは神がユダヤ人に与えた土地であるから、パレスチナ人は追い出すべきだ」と主張する政党が当選者を出しています。一方で、アラブ人の政党も存在します。イスラエルが建国されたとき、多くのアラブ人がパレスチナに逃れましたが、イスラエルにとどまってイスラエルの国籍を選択したアラブ人もいました。イスラエルの人口のおよそ二割がアラブ人といわれています。ですからアラブ人の政党もあるのです。

結果的にさまざまな政党が乱立することになり、一つの政党が過半数を維持することが困難な状態になっています。すると一番議席の多い政党は、必ず他の政党と連立を組むことになります。かつては左派のイスラエル労働党がリベラルな政党と連立を組んで、パレスチナへの入植を止めたり、パレスチナとの関係改善を目指したりしたこともありました。現在は保守政党のリクードが第一党で、極右政党と連立を組むことによってかろうじて過半数を超える状態です。そうなると、リクードは極右政党の意見も聞かざるを得なくなってきます。

ドイツはナチス党（国民社会主義ドイツ労働者党）を生んでしまった教訓から、小選挙区比例代表併用制をとっています。日本は小選挙区比例代表並立制ですが、これと違うのは選挙のたびに議員の数が変わるというところです。日本は議員数が決まっていて、その議席を争います。ドイツにも定員はあるのですが選挙の結果によっては、議員の数が増えたり減ったりします。これが小選挙区比例代表併用制の特徴です。さらに比例代表の部分では、全体の五％の得票率を得られなければ議席が獲得できないようになっています。これによってネオナチのような極端に偏った思想が議会に持ち込まれることを抑止してきました。

ところが近年、「ドイツのための選択肢（ＡｆＤ）」という極右政党がついに五％を突破して大躍進を遂げ、政情が大きく変化しています。ドイツのための選択肢（ＡｆＤ）に抗議するデモも各地で起こりました。

民主主義の世界にさまざまな選挙制度がありますが、これがベストというものは存在しません。そして、より民主的であろうとすると、新たな分断も生まれてくるのです。

第4章

分断進むアメリカ

民主党員と共和党員では見ているテレビが異なる

一九六二年から八一年まで、CBSテレビの「イブニングニュース」でキャスターを務めたのがウォルター・クロンカイトでした。そのニュース解説は視聴者に信頼感を与え、「ウォルターおじさん」と呼ばれてアメリカ国民に親しまれました。

そのクロンカイトがベトナム戦争で現地を取材し、アメリカは勝利し続けているという政府の宣伝とは裏腹に、泥沼に陥っていることに気がつきます。当時、放送では私見を交えないというのが常識でしたが、ベトナムから帰国したクロンカイトは、リポートの中で一度だけそのルールを破ります。

「ここから抜け出すための、理にかなったただ一つの道は、勝利者としてではなく、民主主義を守るという誓いに忠実に最善の努力をしてきた名誉ある国民として交渉の場に臨むことであるとの思いを、私は一段と深めるに至りました」と発言し、和平交渉に乗り出すべきだと主張したのです。

この放送を見ていたリンドン・ジョンソン大統領は、テレビのスイッチを切って「クロンカイトを失ったということは、アメリカの主流を失ったも同然だ」と言ったそうです。そしてジョンソン大統領は二期目の大統領選を諦め、政界から引退します。クロンカイトの発言は「テレビのアンカーマンが戦争の終結をもたらした」と称されました。

それ以前、シュレジンジャー国防長官との昼食会で「報道は愛国的でなければならない」と長官が発言するとクロンカイトは「愛国的であることはジャーナリストの任務ではない」と反論していました。

ところがその後、テレビニュースの世界は大きく変わっていきます。

一九八〇年に登場したのが、ニュース専門チャンネルのCNN（ケーブル・ニュース・ネットワーク）です。それまでテレビの世界では「ニュースは金にならない」と思われてきました。その常識に立ち向かい、「ニュースは商売になる」ことを証明したのがCNNだったのです。

CNNは衛星放送を使い、二四時間ニュースばかりを伝えるチャンネルです。世界で大きな事件が起こるとすぐに現地にリポーターを送って最新の情報を流します。それまで定時ニュースでしか事件の内容を知ることができなかった視聴者が、リアルタイムで追えるようになり、加入者が一気に増えたのです。

とりわけCNNが世界に認知されるようになったのが、一九九一年の湾岸戦争でした。アメリカなどの多国籍軍がバグダッドを攻撃した際、世界の報道陣は避難したのですが、CNNの記者だけがバグダッドに残って市内の被害を伝えました。「敵側から被害の様子を伝えるとは、愛国心がない」などとの批判の声も上がりましたが、記者は中継を続けました。

そのCNNに対抗するようにできたのがFOXニュースです。こちらもケーブルテレビのニュース専門チャンネルで、「メディア王」と呼ばれたルパート・マードックが立ち上げました。マードック会長は保守派として知られ、その思想を反映するような報道姿勢が特徴です。二〇〇三年のイラク攻撃のニュース放送では画面の隅に常にたなびくCGの星条旗を掲げ、勇壮な音楽を流して戦争のニュースを伝えました。これがアメリカ国民の心をつかみました。イラク戦争ではアメリカ軍兵士の勇敢な行動ばかりを放送し、イラク市民の被害や世界でのイラク戦争反対運動などは伝えませんでした。この愛国主義的な報道が保守派に響きました。視聴率でCNNを抜いたのです。これを利用したのが保守の共和党で、ここにテレビニュース界の分断が生じました。

その分断をより進めたのがトランプでした。大統領になったトランプは、CNNを名指しで「フェイクニュースだ」と攻撃します。公平な報道でも彼にとって「悪口」や「批判」に見えれば、すべてフェイクになるのです。そしてそれを堂々とFOXニュースで伝えるので、特に南部の白人保守層に大いにウケたのです。トランプは事実に基づかない発言や事実と異なる発言を繰り返しますが、FOXニュースは、それを検証することなく伝えました。CNNが事実と異なる発言については指摘をしたり、注釈をつけたりしてトランプ発言を伝えましたが、そんな基本的なジャーナリズムのイロハをFOXニュースはしなかったのです。いや、敢えてその姿勢を貫くことでトランプの支持者の心をつかんだのかもしれません。トランプの支持者たちにとっては、FOX

ニュースから流れてくるトランプの発言が正しいのです。

アメリカ南部のフリーウェイを車で走っていると、巨大な看板が次々に目に入ります。多いのは弁護士の宣伝看板なのですが、その中に「リベラルなメディアを信じるな」という看板があります。要はCNNや「ニューヨーク・タイムズ」のことです。リベラルな論調を憎んでいる人たちがいるのです。

ニューヨークのホテルや空港で、テレビがあってニュースが流れていると、そのチャンネルはほとんどがCNNです。ところが南部の都市に行くとFOXニュースになります。民主党を支持する人はCNN、共和党の支持者ならFOXニュース。同じ出来事でも、支持する政党によって別々の局にチャンネルを合わせ、違った角度からのニュースを見ているのです。

インフレが両陣営の分断招く

二〇一九年一二月、中国で新型コロナウイルスが見つかると、たちまち世界に感染が広がりました。翌年アメリカで感染が確認された当初トランプ大統領は、新型コロナは民主党による「新たな作り話だ」と発言し、マスクをしている側近に「そんなものはずせ」と、感染を恐れる人を軽視するような態度をとっていました。しかし感染の急拡大に対応を迫られ、二〇二〇年三月には国家非常事態宣言を出して約五〇〇億ドルの財政拠出を決めました。そして一二月にはさらに九〇〇〇億ドルの追加拠出を決めています。

これは主に、個人や家庭への小切手支給や失業給付の大幅な拡充、病院や医療従事者への手当て、中小企業への資金支援、さらに経営の苦しくなった企業への大規模な融資に充てられました。コロナ禍では給付金のおかげで、以前より高い収入を得た人も多くいました。

余談ですが、給付される小切手の発送が予定より遅れてしまうという出来事がありました。それは、小切手にトランプ大統領の名前を入れるように指示したため。それで印刷が遅れ、支給も遅れたのです。政府からの小切手に大統領の名前が入るのはこれが初めてで、ここまでして自分の成果をアピールしたかったのです。

新型コロナウイルスによる世界的な大感染が収束の様相を見せ、コロナ禍で身動きできなかった人たちが活動を再開して、経済活動が活発になります。さまざまな商品への需要が高まり、物価は急上昇。インフレが加速したのです。ここでバイデン政権に交代します。

アメリカではコロナ禍で多くの失業者が生まれ、さらにコロナ感染で一〇〇万人以上の死者を出しています。これにより、経済活動が再開されてもさまざまな分野で人手不足になりました。さらに原油などエネルギー価格が高騰したことも重なり、物価が急上昇してインフレが進みました。

コロナ収束後の二〇二二年にアメリカに取材に行きましたが、その物価高を痛感せざるを得ませんでした。

私はニューヨークでは治安や便利さを考慮してマンハッタンにホテルをとるのですが、四つ星ホテルが一泊の素泊まりで約五〇〇ドル。当時一ドル一五〇円でしたから七万五〇〇〇円です。五つ星になると一泊一〇万円はしました。

さらにラーメン店では、ラーメンと餃子で税金も含めて三〇・四九ドル（およそ四五七〇円）。最近はチップをテーブルに置くのではなく店員がタブレットを持ってきて、画面に出ているチップの率を選ばせます。それが一八％、二〇％、二五％から選ぶのです。私が選んだのは二〇％で合計は約三六ドル。つまり五四〇〇円を超えました。

ニューヨークの街頭でインタビューをすると、多くの人が「たしかに物価は上がったけれど、給料も上がっているからそれほど影響はない」と答えました。職業を聞くと、ＩＴ企業に勤めていたり金融業だったりで、そういう好景気の波に乗れた人たちは、給料も上がっているのです。しかし景気のいい業種ばかりではありません。地方に行けば、あまりの物価高に生活がついていけず、悲鳴のような声も聞かれました。

ニューヨークのような都市部には民主党の支持者が多く、物価とともに給料も上がっています。一方、トランプ支持者が多い地域では物価だけが上昇し、政府への不満は大きくなっています。インフレを加速させたことによって、地域格差の拡大も進んだのです。

この状況を見てトランプは、二〇二四年の選挙活動の集会で、「バイデンは何の対策もしていないじゃないか」と不安を煽りながら攻撃しています。

移民の受け入れめぐる対立

民主党と共和党では、移民に対する考え方が大きく違っています。

民主党は、アメリカは移民によってできた国なのだから移民に寛容であるべきだ、というまさにリベラルな考えなのですが、一方の共和党は保守的で、正規の手続きにもとづく移民は認めるが、それ以外の不法移民は認めないという姿勢を示してきました。

しかしいずれにしても、多くの移民を受け入れ続けている国であることに変わりはありません。

アメリカの移民数は四五〇〇万人から四七〇〇万人で、そのうちの約一〇〇〇万人は正規の手続きを踏んでいない不法移民だといわれています。その不法移民の多くは中南米からメキシコに入り、メキシコとの国境を越えてアメリカに入ります。中には国境沿いのリオグランデ川を泳いで渡る人もいます。

アメリカにはサンクチュアリ・シティ（聖域都市）と呼ばれる都市があります。ニューヨーク、シカゴ、ロサンゼルスなどがそうで、不法移民を保護する都市や自治体のことです。通常、不法移民が警察に捕まると、その時点で不法入国者の取り締まりを行う捜査機関である移民・税関執行局（ＩＣＥ）に通報されて国外退去などになるのです。ところが、サンクチュアリ・シティは移民・税関執行局への通報を拒否しています。もし万引きで捕まったとしても、万引きの罪だけ問われて、不法移民であることはどこにも知らされません。さらに不法移民に運転免許の取得を認めるなど、生活を支援しているのです。ですから、国境を越えた移民たちは、このサンクチュアリ・シティを目指すのです。

またアメリカでは、国内で生まれた子どもは自動的にアメリカ国籍を取得することができます。そうなると妊娠している女性がアメリカに入ってきて、そこで出産すれば子どもはアメリカ国籍になります。アメリカ人の子どもの母親や父親は永住権が得やすいので、アメリカで出産を望む移民も多くいるのです。

二〇一七年一月、トランプ大統領は、サンクチュアリ・シティに対し連邦資金を交付せず、速やかに不法移民を拘束し国外退去させるように求める大統領令に署名しました。しかし、サンフランシスコをはじめとするサンクチュアリ・シティは訴訟を起こし、大統領令の一時停止が認められました。

国境に壁をつくり、移民審査を厳しくし、さらにサンクチュアリ・シティにまで圧力をかけるようになったトランプ政権時代、不法移民の数は激減しました。一度国外退去の処分を受けると、移民申請はさらに厳しくなります。これを恐れて、アメリカに渡ろうとする人が減ったのです。

ところがバイデンが大統領になると、壁の建設を強く非難して凍結し、以前の受け入れ態勢に戻します。そうなると再び、中南米からの移民が大挙して国境を越えてくるようになりました。これにより国境沿いの州に混乱が起きます。不法移民はまず保護され、そこで移民や難民の審査とその結果を待ちます。その彼らを保護するための施設がまるで足りない状態になったのです。テキサス州やフロリダ州の共和党の知事は「民主党の政策でこうなったのだから、民主党支持の多い都市で彼らを保護すべきだ」と、大量の不法移民をバスでニューヨークに送りつけました。

困ったのはニューヨークです。ニューヨークにも十分なシェルターがあるわけでもないので、施設の周辺に不法移民たちがあふれます。治安の悪化を懸念したニューヨークでは、ホテルを借り上げて、そこに彼らを住まわせる、ということまでしたのです。日本では考えられないことです。私も現場に行きましたが、ホテルのロビーも周辺もベネズエラからの移民であふれているような状態でした。

保護された不法移民は、難民申請をしているので、審査を待つ間、働くことはできません。することはなく、英語も話せないとなると、自ずと犯罪も発生します。不法移民たちがたむろしてうるさい、との苦情に警察がやってきたところ、移民たちが警察官に襲いかかるという事件もありました。二〇二四年三月、私がニューヨークに滞在している間に、その様子をとらえた防犯カメラの映像がニュースになりました。こうなると、さすがに移民に寛容な街といえども、不安が広がります。

急激な不法移民の増加に、バイデンは副大統領のカマラ・ハリスを問題解決の担当に指名しますが、大きな成果はあがっていません。二〇二三年、バイデン政権は凍結していた国境の壁の建設を再開することを決めました。議会が他の用途に使うことを拒否したからです。あくまでも、すでに計上されている壁の予算を使うだけだったのですが、トランプは、「バイデンによって自分が正しかったと証明された」とSNSに投稿し、一五〇〇万人もの不法移民でこの国をあふれさせたことについて、自分や国民に謝罪するように求めました。

アメリカは移民によってつくられた国であり、移民の労働力によって発展を遂げた国です。だからこそ日本ではありえないような、移民に寛容な政策をとってきましたが、極端な白人至上主義が国の分断を拡大させているのです。

人工妊娠中絶めぐり対立

日本では人工妊娠中絶が認められていますから、これが選挙の争点になることはありませんが、アメリカでは必ずといっていいほど議論になります。アメリカでは中絶反対派は「プロ・ライフ（生命尊重）」と呼ばれています。これに対して、中絶は母親の選択に委ねるべきだと主張する人たちは「プロ・チョイス（選択尊重）」と呼ばれ、双方の間で激しい対立が続いています。

一九七三年、連邦最高裁判所は「中絶は憲法で認められた女性の権利である」との判断を示しました。その根拠として憲法で認められている「プライバシー権」をあげています。女性が中絶するかどうかを決めるのは、個人的な問題を自分の意思で決定するというプライバシー権に含まれる、というものでした。

民主党は中絶の権利を求めていますが、すべての場合においてではなく、レイプや未成年犯罪などによる「望まない妊娠」についての中絶の権利なのですが、共和党保守派は、神に与えられた命を守るべきだと主張して猛然と反発します。

しかし他の章で述べたように、現在の最高裁判所の九人の裁判官は、六対三で共和党の大統領に任命された裁判官が多い構成になっています。この最高裁判所は二〇二二年六月、「憲法は中絶する権利を与えていない。四九年前の判断は覆される」として、中絶の権利の規制や擁護は、州に委ねられるという判断を示しました。これを受けて各州議会で議論され、中絶を禁止する州と容認する州に大きく分かれました。

カンザス州においては、二〇二二年に州憲法から人工妊娠中絶の権利を削除することの是非を問う住民投票が行われました。これは中絶問題に関する全米で初めての住民投票でした。アメリカのほぼ真ん中に位置するカンザス州は共和党支持者の多い保守的な地域で、中絶の権利を削除するという修正案は承認されるはずだと誰もが予想していま

妊娠中絶の権利を訴えるデモ。2021年、ワシントンDCで。

した。ところが、住民投票の結果、修正案は否決されたのです。これは共和党支持者の中にも、権利の維持を望む人が多かったことを示しています。

さらに二〇二三年、妊娠中絶の権利の問題で、軍幹部の人事承認が一時ストップしてしまうということも起こっています。

国防総省は女性兵士の中絶の権利を擁護するため、手術に必要な移動の旅費を補助することを決定しました。中絶を望む場合、禁止している州では手術ができないため、手術が可能な州に移動しなくてはなりません。そのための費用を軍が補助しようというものです。

これに共和党の上院議員の一人が反対し、全会一致で承認しなければならない軍幹部の承認が滞ってしまったのです。二六〇人以上の人事が承認されず、海兵隊では総司令官が不在になるという事態になりました。バイデン大統領は「アメリカの安全を危機にさらしている。国内の社会問題論争を外交政策に持ち込むのはとんでもないことだ」と批判し、さすがに共和党議員も説得されて解決となりました。

さらに二〇二四年五月にはアリゾナ州でも大きなニュースになりました。アリゾナ州では一八六四年に人工妊娠中絶をほぼ全面的に禁じる法律が制定されていましたが、一九七三年に連邦最高裁が中絶の権利を認めたため、州法は死文化していました。法律は存在するけれど適用されない状態が続いていたのです。

しかし、二〇二二年に連邦最高裁が各州の判断に任せるべきだとの判断を示したことから、死文化していた州法がよみがえりました。アリゾナ州最高裁は二〇二四年四月、禁止法が再び施行可能になったとの判断を下したのです。これには中絶容認派が激しく反発し、中絶権を擁護する民主党の州下院議員が廃止法案を州議会に提出し、上下両院が可決しました。これを受けて民主党のホッブス知事は州法を廃止する法案に署名して法律が成立しました。

連邦最高裁が中絶は州で決めるべきだとの判断を示したことで、中絶の是非をめぐる論争が全米にまで広がってしまったのです。中絶の権利をめぐっても分断が深刻なのです。

少数派に転落しそうな白人の焦燥

アメリカの分断の底流には白人が少数派に転落してしまうのではないか、という白人の側の焦燥感があります。二〇二四年二月、私はテキサス州ダラスを取材しました。テキサスといえば、ロデオや特大ステーキを思い起こす人もいると思いますが、いまや大きく変貌しています。人口の移動と移民の増加が理由です。

もともとテキサス州は保守的な共和党の地盤ですが、都市部ではリベラル派の民主党支持者が増えています。名だたるＩＴ企業が次々に移転してきているからです。というのもテキサス州は州の法人税がないからです。個人の所得税もありません。その他の税金はあるのですが、法人税や所得税をゼロにすることで、他の州からの企業の移転を促進させようとしているのです。そしてＩＴ企業は、ここに目をつけているのです。ＩＴ産業には民主党を支持する大卒のインテリが多く、そのために州内の民主党支持者が増加しているのです。

また中南米からの移民も多く、移民に寛容な民主党を支持する人が多く、結果として民主党支持者が増えているのです。

ちなみに民主党のシンボルカラーがブルー、共和党のシンボルカラーがレッドなので、民主党が強い州をブルーステート、共和党が強い州をレッドステートと呼びます。もともとレッドステートだったテキサス州は、リベラル派の企業の移転が続いていることで、いまやレッドとブルーの中間色の「パープルステート」と呼ばれるようになっています。

その結果、二〇二〇年の大統領選挙では五二％対四六％の接戦でトランプが勝利しましたが、このままでいくと、いずれテキサス州で共和党と民主党は逆転するかもしれません。

全米全体で見ても、中南米からの移民が増え続けています。彼らの多くはカトリック教徒。避妊は認められないため出生率は高く、アメリカ全体での人口比は増え続けています。

ところでアメリカに流入する移民の実数はどれくらいなのでしょうか。二〇二四年一月、米議会予算局（CBO）は、一二二万人と推計していた二〇二四年の移民流入数推計を三三〇万人に引き上げました。厳しい移民政策をとったトランプ政権から寛容なバイデン政権に代わり、移民が増え続けていることを示しています。

さらに国勢調査では、全人口に占める移民（海外生まれの米国人）の割合は二〇二二年に約一四％と約一〇〇年ぶりの水準にまで高まっています。

またテキサス大学の調査によると、共和党員の七割が、合法的移民が多すぎると答え、半数以上が、人種が多様化することを「懸念すべきことだ」と回答しています。さらには約七割の共和党員が「白人が差別されていると感じている」といいます。

アメリカでは、一〇〇年前も東欧や南欧からの移民が殺到し、雇用が奪われるとの危機感から移民排斥の動きが広がったことがありました。やがてマイノリティになるかもしれないという白人の焦燥感が結束を強め、批判の矛先が移民に向けられている現実もあるのです。

第5章

「もしトラ」で何が起きるか

二〇二四年の大統領選挙では、共和党の候補はトランプに決定しています。「もしトラ（もしトランプが再び大統領になったら）」という言葉が生まれるほど、世界は戦々恐々としています。ここでは、「もしトラ」の予測だけでなく、すでに始まっている世界の状況を見てみましょう。

復讐心に燃えるトランプ　国家公務員10万人を追放!?

二〇二三年一二月、アイオワ州でのトランプ前大統領のイベントは、FOXニュースで放送されました。そこでキャスターが「あなたが再選されたら、誰かに報復するために権力を乱用することはないと米国民に約束できますか？」と尋ねると、「初日を除けば約束できる。（大統領就任初日に）国境を閉鎖し、掘って、掘って、掘りまくるのだ」と答えました。

そして聴衆に向かって「彼が『あなたは独裁者になんかなりませんよね？』と言うか

ら私は、『ならない、ならない。ただし大統領就任初日だけは別だ』と言ったのだ。国境を閉鎖し、石油を掘って、掘って、掘りまくる。その後で独裁者を止める」と話したのです。これは大統領に就任した場合、初日に大統領令を連発し、バイデン政権が行った政策をすべて覆して復讐する、という意味になります。

オバマ元大統領への復讐は一期目の就任直後から始まり、在任中にことごとく政策を中断して終わっています。次は、自分の政策を実績と認めなかったバイデンへの復讐をするということなのでしょう。

「ディープ・ステート（影の政府）」という言葉があります。国家の内部にひそむ国家で政府をあやつる組織だといわれ、歴史上幾度か陰謀論として登場しました。これをトランプは、トランプに対して陰謀を企てる裕福な権力者たちの秘密組織だと定義し、存在を信じています。大統領になって国民のためにいろいろやろうとしたが、さまざまな妨害を受けた。これはディープ・ステートのせいで、とりわけワシントンの官僚たちは民主党にあやつられて政策を妨害したのだ、というのです。そしてトランプの支持者たちもこれを信用していて、ＳＮＳで陰謀論を展開し、民主党を攻撃しました。

政権が交代すると、政治任用によって多くの省庁のポストが入れ替わります。日本でいえば、各省庁の局長クラス、事務次官クラスまでが交代し、多いときには五〇〇〇人ほどにもなります。二〇二〇年にトランプは、連邦政府の職員を大統領が容易に解雇できる大統領令に署名しました。これを後任のバイデン大統領がすぐに撤回しました。トランプが再選を果たした場合、これを復活させて一〇万人規模の職員の入れ替えをすると言っています。つまり採用にあたっては、実力ではなく、トランプへの忠誠心が問われることになります。

二〇二五年に二期目のトランプ政権が発足した場合に備えて、トランプ陣営は保守系シンクタンク「ヘリテージ財団」を使って「2025年政権移行プロジェクト」をスタートさせています。そこではすでに、新政権の職員の募集も始まっています。そうなれば、経験豊富なベテラン職員が多数解雇され、行政についてまるで知らない人間が各省庁に配属されて、大混乱を招くのではないかと心配されています。

在韓米軍の撤退とNATOからの離脱

海外のアメリカ軍も大きく削減されそうです。まずは在韓米軍です。在韓米軍は一九五〇年に勃発した朝鮮戦争において、国連軍の中心となって韓国に派遣された部隊が休戦協定後も駐留しているもので、およそ二万八〇〇〇人の兵力を擁しています。

二〇一八年、「アメリカファースト」で外交に臨んだトランプ大統領は、対韓国の貿易赤字を問題にします。「私たちは韓国との貿易で非常に大きな赤字を抱えており、一方では韓国を防衛している。貿易でお金を失い、軍事費でもお金を失っている」と語り、在韓米軍の撤退を主張しました。翌年には韓国が負担している在韓米軍駐留費を五倍にするように要求し、交渉は難航しました。

これについて、マーク・エスパー元米国防長官は、回顧録に書いています。在韓米軍の撤退をくり返し主張する大統領に元長官は、在韓米軍はアメリカの安全保障とも関連があり、在韓米軍は引き揚げるべきではないと説得を続けます。するとポンペオ国務長官（当時）が助け舟を出し、「大統領、（在韓米軍の撤退は）二期目の優先課題にした方がいいと思います」と言ったというのです。トランプ大統領は気をよくして「そうだ、そうだ、二期目にね」と答えたとあります。

つまり再選となれば、これを放っておくはずはありません。撤退をちらつかせながら、負担金の値上げを要求するでしょうし、最悪の場合は在韓米軍の撤退も考えられるのです。

またトランプはNATO（北大西洋条約機構）からの脱退もほのめかしています。アメリカはドイツにアメリカ欧州軍の司令部を置きドイツ全土で約三万六〇〇〇人の大部隊を駐留させています。

NATOの加盟国は、二〇二四年にスウェーデンが加わって三二か国になりました。その防衛費は、それぞれの国のGDP（国内総生産）の二%以上にするという目標があります。しかしドイツをはじめとする三分の一ほどの国は、これを達成できていません。これに対しトランプは「お金を支払わない加盟国が攻撃されてもアメリカは守らない」

と言い、ドイツに駐留しているアメリカ軍のうち一万二〇〇〇人を削減しました。

バイデン政権はこれを転換させてドイツのアメリカ軍を増強させ、NATOとの協調姿勢を見せました。バイデン大統領は「私が大統領である限り、ロシアがもしNATO加盟国を攻撃したらアメリカが必ず守り抜く」と語りました。

そこで起こったのが二〇二二年二月の、ロシアによるウクライナ侵攻です。アメリカは弾薬やロケット弾、対空ミサイルなどでウクライナを支援します。バイデン政権はこれまでに、欧州連合（EU）に次ぐ六七七億ユーロ（当時約一一兆円）を支出しています。

しかし戦闘は長期化し、アメリカやヨーロッパなどからの支援に頼って戦っているウクライナは劣勢に立たされています。さらにアメリカでは、下院議会の共和党の反対で、追加支援が遅れました。

ただアメリカは、積極的にウクライナを勝たせようとしているわけではありません。ウクライナを「負けさせない」程度の支援しかしていないのです。ウクライナに兵器を送って、ロシアの力を弱める。ロシアがこれ以上、周辺国を侵略できないようにその脅威を取り除く。これがアメリカの戦略なのです。

トランプは「俺が大統領になったら、ウクライナの戦争は一日で終わらせてみせる」と豪語しています。この発言の意味するところは、再選を果たしたらウクライナへの支援を一切止めるということです。そしてトランプ〝新大統領〟は、ウクライナに「降伏しろ」と勧告するでしょう。アメリカの支援を失えばウクライナは戦えません。だから「一日で終わる」と言うのです。さらにはウクライナに対して「これまでの支援をローンで返せ」とまで言っています。

ウクライナのウォロディミル・ゼレンスキー大統領は停戦交渉の可能性について聞かれ、「その（停戦交渉の）つもりはない。ロシアがウクライナから部隊を撤退させない限り、停戦には応じない」と、怒気をはらんだ声で否定しましたが、こうしたゼレンスキーの姿勢は、アメリカの保守派からすれば傲岸不遜に見えます。「だったらウクライナだけで戦えばいい。アメリカは関知しない」と反発するのです。さらに言えば、「ウクライナはヨーロッパなのだから、ヨーロッパの国々が助ければいい。なぜアメリカがわざわざ手を貸す必要があるのか」という考え方が生まれます。つまり、この戦争の行方は、アメリカにかかっているといえるのです。

中国政策

二〇〇五年に中国は「反分裂国家法」を制定し、台湾が独立を宣言した場合には「非平和的手段」を講じてでも阻止する、としました。これが「台湾有事」、すなわち中国が台湾に対して武力を行使する可能性です。

「もし中国が台湾を攻撃したら」という質問に、これまでアメリカの大統領は「必ず守る」と答えてきました。これは中国への牽制です。しかしトランプは、この質問に対して台湾を守るとも守らないとも答えず「台湾はアメリカから半導体を盗んでいる」と非難しました。台湾のＴＳＭＣ（台湾積体電路製造）は世界最大の半導体企業です。このことを指し、「かつてアメリカは、自分たちの半導体を自分たちで作ってきた。だが今や半導体の九〇%は台湾製だ」「台湾はアメリカのビジネスを奪い去った。我々は連中を止めるべきだった。税金をかけるべきだった。関税をかけるべきだった」と語ったのです。そして「その質問（台湾を守るかどうか）に答えてしまうと、交渉における私の立場は非常に悪くなるだろう」と続け、すべてはディール（取引）次第だという姿勢を見せています。

またトランプはインタビューで、輸入品には一律一〇%、中国製品に六〇%の関税をかけることを検討していると話しています。「貿易戦争ではない。中国とは何でもうまくやった」と言いますが、大統領一期目には公約通り中国製品に二五%の関税をかけ、その後関税の報復合戦になって貿易摩擦を起こしています。

WTO（世界貿易機関）のルールでは、輸出品に対して不当に高い関税をかけられた場合、その相手国からの輸入品に対して高い関税をかけることができる、つまり報復関税が認められていますから、再び中国製品の関税を引き上げれば、中国はアメリカ製品に報復関税をかけてくるのは必至です。しかも中国以外の国も一〇%の関税をかけられれば、報復関税をかけるでしょう。

中国への関税に関してはトランプのイメージ戦略です。「中国と戦っているぞ、アメリカの労働者を守っているぞ」という姿勢が支持者に伝わればいいのです。しかし再びの米中貿易戦争で、世界経済が混乱に巻き込まれることになるのです。

イスラエル全面支援と権力の空白

二〇二三年一〇月、パレスチナのハマスがイスラエルを奇襲攻撃、イスラエル人一二〇〇人が殺害され、多数の人質を取られました。このときトランプはイスラエルのネタニヤフ首相を準備不足だと批判しました。これには共和党内からも批判の声が上がりました。

実は二〇二〇年の大統領選挙で、トランプは自分が勝利したと主張していましたが、ネタニヤフ首相は早々にバイデンの当選を認めて祝意を伝えました。トランプは、これを裏切りと受け止め、根に持っていたのです。

他の章で述べましたが、トランプは大統領在任中にエルサレムを首都と認めてアメリカ大使館を移し、中東戦争でシリアから奪ったゴラン高原をイスラエル領だと明言してもいました。自分以上にネタニヤフやイスラエルに便宜を図った人間はいないと思っていたはずです。それにもかかわらず、しかもトランプが選挙結果を受け入れていないにもかかわらず、ネタニヤフがバイデンに早々に祝意を伝えたことに激怒したのでした。

トランプはイスラエル人ジャーナリストとの会見で、「非常に早いあいさつだった。世界の大半の指導者よりも早かった」と述べ「それ以来、彼とは話していない」として、Fワード（口汚い卑猥な表現）を浴びせたといいます。

しかしそうはいっても、イスラエルはトランプにとって重要です。

アメリカにいるユダヤ人とイスラエルにいるユダヤ人は、ほぼ同じ数です。そしてアメリカにおいては、ユダヤ人は政財界で大きな影響力を持っています。選挙でもユダヤ人の力は欠かせないものになっています。

さらに個人的には、トランプの現在の孫は全員ユダヤ人になっています。娘のイヴァンカは、ユダヤ人のジャレッド・クシュナーと結婚するときにユダヤ教徒に改宗しています。ユダヤ人は、ユダヤ人の母親から生まれた人、またはユダヤ教に改宗を認められた人という規定があるためで、ユダヤ人となったイヴァンカの子どもは自動的にユダヤ人になるのです。そしてトランプには、イヴァンカと同じ母を持つドナルド・トランプ・ジュニアとエリック・トランプの二人の息子がいて、どちらもユダヤ人の女性と結婚しています。つまり、現在いるトランプの一〇人の孫は、全員ユダヤ人ということになるのです。

このことからしてもトランプが再選されれば、たとえネタニヤフへの恨みはあったとしても、イスラエルへの支援はさらに大きくなるはずです。

二〇二二年のロシアのウクライナへの攻撃に際してトランプは「決して許してはならない残虐行為である」と非難しながら、「私は二一世紀のアメリカ大統領で、任期中にロシアが他国に侵攻しなかった唯一の大統領だ」「私が大統領ならこれは起きなかった」

と発言しています。

自分ならすぐにプーチンに会い、ディールを持ちかけてウクライナ侵攻を止めただろう、と言っているのです。しかしこれは、本当にそうなっていたかもしれないのです。「ロシアがウクライナを攻撃するならアメリカも軍を送り込む」と言ってロシアを脅し、取引をしていればあのようなことにならなかった可能性は高いのです。

またトランプ政権時代、中東も静かだったことは確かなのです。それは、トランプが何をしてくるかわからないからで、トランプがまた大統領になったら、しばらくは様子を見ようということになるかもしれません。

ただトランプ政権になって「アメリカファースト」のために世界に駐留している軍を引きあげるようなことになれば、各地で勢力のバランスが崩れ、権力の空白が生まれるでしょう。その空白をどこかの国が埋めようとすれば、また新たな分断が世界的規模で生まれることになります。

アメリカがウクライナへの支援を止めれば、喜ぶのはプーチンです。プーチンはウクライナをロシアにしたいのではなく、ロシアの言うことを聞く国にしたいのです。現在ウクライナの東部から南部のクリミア半島あたりまでを帯状に支配していますが、その先にはオデーサ、さらに西に行くとウクライナとモルドバにはさまれた未承認国家「沿ドニエストル共和国」があります。この「沿ドニエストル共和国」にはロシア系の住民がいて一五〇〇人のロシア軍が駐留しています。プーチンはウクライナの沿岸部からここまで支配地域をのばし、ウクライナを内陸の国にしようとしているのです。ウクライナが内陸に押し込められ、海が使えなくなればウクライナの輸出をコントロールできることになります。そうすればウクライナは弱体化。ロシアにとって脅威ではなくなり、あわよくばロシアの属国にできる可能性もあるからです。

パリ協定脱退　石油・石炭の採掘奨励

次期大統領がトランプになれば、温暖化対策は大きく遅れることになるでしょう。カギは「パリ協定」です。パリ協定は、二〇一五年に国連気候変動枠組条約締約国会議（COP21）で採択され、二〇一六年に発効した気候変動問題に関する国際的な枠組みです。パリ協定では二〇二〇年以降の温室効果ガス削減に関する取り決めが示され、「世界の平均気温上昇を産業革命以前に比べて2℃より十分低く保ち、1・5℃に抑える努力をすること」を目標としています。

アメリカはオバマ政権時に加盟を決めましたが、トランプは就任直後からパリ協定からの離脱を宣言していました。そして二〇一九年一一月、国連に正式に離脱を通告しました。パリ協定から離脱すると宣言しておきながら離脱が遅れたのは、パリ協定を採択する際、各国が、アメリカで協定に反対する大統領が誕生したときの対策をとっていたからです。それは、協定が発効してから三年間は離脱を申し入れることができず、離脱を申し入れても実際に離脱できるのは一年後と定めておいたからです。

パリ協定が発効したのは二〇一六年。離脱を申し入れることができるのは二〇一九年以降。そこでトランプが離脱を申し入れたので、実際に離脱できたのは二〇二〇年だったのです。

トランプ大統領は、パリ協定によって温暖化対策で巨額の支出を迫られる一方、二〇二五年までに製造業部門で四四万人、米国全体で二七〇万人の雇用が失われ、二〇四〇年までにＧＤＰで三兆ドルが失われると離脱の理由を述べました。「地球温暖化はウソだ」「石炭をもっと掘れるようにして、アメリカの雇用を守る」といった公約通りの行動でした。

しかしアメリカは世界第二位の量の温室効果ガス（ＧＨＧ）を排出し、一方では排出削減の最先端の技術を持つ国でもあります。パリ協定が目指す世界の脱炭素社会の実現に向けて、アメリカの離脱は大きな後退につながります。

そのトランプ大統領の「アメリカファースト」を覆したのが次期のバイデン大統領でした。二〇二一年一月、アメリカはパリ協定への復帰を決定して国連に通知し、翌月に復帰が認められました。復帰に際してバイデン大統領は「謝罪すべきではないかもしれないが、前政権下で米国が地球温暖化対策の国際的な枠組み『パリ協定』から離脱したという事実を謝罪する」と述べました。

オバマの実績をトランプが否定し、それがバイデンによって再び元に戻されました。これをトランプが放っておくはずはありません。今回の選挙戦でも「（石油や石炭を）掘って掘って掘って掘りまくれ」と支持者たちを煽っています。パリ協定からの再びの離脱は必至でしょう。

この件に関し、「ワシントン・ポスト」は二〇二四年五月、トランプが四月にフロリダの自宅で開いた石油業界幹部との会合で一〇億ドル（当時約一五五〇億円）の献金を要求したと報じました。大統領に当選したら石油業界の利益になる政策を実行するから献金しろというわけです。金権政治極まれりです。

共和党がトランプに乗っ取られている

トランプはさまざまな件で訴えられ、その対応のために多くの弁護士を雇っています。

二〇二三年にトランプが使った弁護士費用は五一二〇万ドル、およそ七七億円（当時）に上ります。これだけでもとてつもない額ですが、大統領選を戦っていくにはさらに資金が必要になります。

アメリカでは、労働組合や企業さらに個人が、直接政治家や政党に献金することは規制されています。そこで政治活動委員会（PAC）という政治資金管理団体を設立して資金を調達し、この団体を通じて政治献金を行っています。PACは特定の候補者の選挙活動を支え、一人当たりの献金額は年間五〇〇〇ドル以下に決められています。この上限を超えて献金ができるのが、スーパーPACと呼ばれる資金管理団体で、表向きは特定の候補者を支援しないことになっています。さらにはリーダーシップPACというものもあり、こちらは政治家が設立し、自分以外の候補者に資金を出せるようになっています。

トランプは「メイク・アメリカ・グレート・アゲイン」というスーパーPACと、「セーブ・アメリカ」というリーダーシップPACを設立し、どちらも政治資金を集めていますが、これらの団体からも弁護士費用を出しています。本来は選挙のための資金なのですが、弁護士費用がかさみ、そちらに回さざるを得なくなっています。

そこでさらに資金調達のためにトランプが目をつけたのが、共和党全国委員会（RNC）です。これは共和党議員と党の職員で組織されていて、政策の綱領を作成し、政治資金の調達や議員の選挙活動支援を行います。全米の共和党議員を支援するために共和党全国委員会が集めた政治資金を自分の選挙に回させようとしているのです。

二〇二四年三月、米共和党全国委員会は委員長の辞任を発表しました。その後任として、トランプに近いノースカロライナ州共和党委員会のマイケル・ワトリーを、共同委員長にトランプの義理の娘であるララ・トランプを選出しました。明らかにトランプの圧力でトップが交代させられたことがわかります。

共和党のために集められた政治資金がトランプの選挙活動ばかりに使われてしまうと、どうなるのか。同時に行われる上院、下院の改選に出馬する共和党候補への選挙資金が不足することになります。トランプは当選するかもしれませんが、議会で共和党が議席

ニューヨークのトランプタワー前でリポートする著者

を減らす可能性もあるのです。まさにトランプが共和党を乗っ取った状態になっています。

これが共和党の危機を招くと感じている人もいますが、うっかりトランプを批判しようものならすぐさまトランプ支持者から嫌がらせを受けることになるので、口には出せません。トランプを起訴した検察官や、二〇二〇年の選挙でトランプからの票の見直し依頼を断ったジョージア州の高官なども、殺人予告などの脅迫を受け、警察に周辺警備をしてもらっています。トランプが指示しているわけではないのですが、トランプを狂信的に崇める支持者たちが、こういう嫌がらせをするのです。

さすがにアメリカは民主主義のシステムが強固ですから、トランプが独裁者になろうとしても簡単にはいかないでしょうが、自分に忠実な者だけを周囲に置き、批判する者は制裁するという姿勢は、過去の独裁者を思い出させます。

再び大統領になった場合、「なぜ自分のように優れた大統領が八年でやめなければならないのか」と三選を可能にする憲法改正を言い出さないとも限らないのです。

金融政策とドル一強体制の崩壊

トランプは大統領時代、アメリカ連邦準備制度理事会（ＦＲＢ）の金融政策に介入して、金融緩和を迫りました。景気を良くするために金利を下げるのがトランプの狙いですが、ＦＲＢのパウエル議長は、急激なドル安は通貨の信用低下にもつながるとして反対していました。

パウエル議長の任期は二〇二六年までですが、大統領に返り咲けば再び指名はしないと公言しています。トランプの言うことを聞いて金利を下げる議長を後任にするはずです。

現在のアメリカはインフレが収まりません。これまでFRBはインフレを鎮静化させるために金利を引き上げてきました。これがトランプは気に入らないのです。金利を引き上げれば景気に悪影響が出る。金利が高くなれば世界中の投資家が金利の高いアメリカのドルに投資するので、ドル高になるだろう。そうなれば輸出産業にとってはマイナスになる。これがトランプの考えです。大統領になれば金利を引き下げ、輸出産業に有利にしようとするでしょう。

一期目のトランプ政権の「トランプ減税」は二〇二五年末に期限切れになります。これについてトランプは「追加減税を行い、今まで見たことがないような全く新しいトランプ経済ブームを起こすため、誰もが最大級の減税を受けることになる」と述べて、

「トランプ減税」を延長あるいは恒久化するのではなく、減税規模を拡大する意思を見せています。その財源は、新たにかけられる輸入品への関税やアメリカ軍の駐留費値上げなどで賄うつもりかもしれませんが、一期目に示された通り、財政赤字が膨らむことになります。

共和党はそもそも「小さな政府」を掲げる政党で、財政赤字を増やさないような政策をとってきました。ところがこのトランプのやり方には反対できないのです。ここにも今の職にある間はトランプに文句は言わないようにしよう、という空気が感じられます。

さらに減税を進めると、経済全体としては活発になるでしょうが、富裕層は優遇されて恩恵にあずかれる一方、貧しい人たちとの格差は広がります。さらに財政赤字が膨らんで金利が下がれば、通貨の信用が下がって弱いドルになる可能性があります。

現在、ロシアに対するさまざまな経済制裁を行っていますが、金融制裁が効果を上げているのはドルが強いからなのです。そのドルが弱くなればドルにこだわる必要がなくなってきます。ロシアにしてみれば、ドルではなく自国のルーブルで取引ができるようになります。ペトロダラーと呼ばれるように、石油はあくまでドルで売買されています。しかしドルが弱いとなると中東の国々も、たとえば中国に対して、ドルでなく人民元でかまわない、というようになるかもしれません。

こうしてドル一強体制が崩れていきます。ドルが強いからこそ、経済制裁も功を奏しているところがあるのですが、ドルが弱くなれば、制裁を受ける側は怖くなってきます。一段とアメリカの影響力が弱まるのです。

北朝鮮の核容認

もしトランプ再登板となれば、東アジアの安全保障はどうなるのか。私たちにとって気がかりなのは北朝鮮の核開発です、これに関して、二〇二二年一二月に、こんなニュースがありました。

〈米政治メディア「ポリティコ」は13日、トランプ前大統領が2024年11月の大統領選で返り咲きを果たした場合、北朝鮮の核兵器保有を事実上容認することを検討していると報じた。核開発の凍結と引き換えに経済制裁を緩和する計画で、既に保有している核兵器を放棄するよう北朝鮮を説得することは「時間の無駄」との考えを周辺に示しているという。

トランプ氏はソーシャルメディアでの投稿で「記事はでっち上げの偽情報だ」と報道内容を否定。ポリティコもトランプ氏の考えが「変わる可能性はある」としている。

歴代政権の方針を覆して「核保有の容認」に転じれば、日本や韓国の反発は必至で、核不拡散体制にも深刻な影響を与える。ただ、米朝の非核化交渉は長年停滞しており、北朝鮮の「核兵器保有」は実質的に既成事実化している面もある。

ポリティコは、トランプ氏の北朝鮮政策に関する考えを知る3人の関係者の話として報じた。報道によると、トランプ氏は金正恩《キムジョンウン》朝鮮労働党総書記に既に開発した核兵器の廃棄を説得するのは「無意味だ」と考える一方で、北朝鮮と何らかの「合意」をすることに意欲を見せている。関係者は「トランプ氏はとにかく合意を望んでいるが、合意

の内容まで考えているとは思えない」と証言したという。〉（毎日新聞電子版二〇二三年一二月一四日）

トランプは、過去の金正恩との会談で、すっかり彼のファンになってしまったように見えます。最終的に会談が決裂した後も、「本人から心のこもった手紙を受け取った」と絶賛しました。金正恩も実はトランプとの約束を守っています。トランプは会談で、アメリカまで届くようなミサイル発射実験をしないこと、核実験をしないことを申し入れました。北朝鮮はその後もミサイル発射実験を繰り返していますが、日本列島を飛び越えてアメリカの方向に飛ぶミサイルは発射していません。「衛星画像の分析から核実験の準備が完了している」との報道がたびたびありますが、北朝鮮は核実験をしていません。つまり金正恩は彼なりにトランプとの約束を守っているのです。明らかにトランプ再登板を願っています。

トランプにしても、北朝鮮との間で何らかの「合意」を取りつければ、それは自分の功績＝レガシーになると考えています。「北朝鮮の核保有を容認する」と、本当に言い出すかもしれないのです。

第6章

迫りくる民主主義の危機

新たな南北戦争？

「ユーラシア・グループ」という国際情勢を分析するアメリカの調査会社があります。これを率いるのが、国際政治学者のイアン・ブレマー氏です。「ユーラシア・グループ」は毎年「今年の10大リスク」を年頭に発表しているのですが、二〇二四年のリスクナンバー1に挙げられたのが「米国の敵は米国」というものでした。

ここでイアン・ブレマー氏は、アメリカの政治システムの機能不全は先進民主主義国の中で最もひどい状態で、二〇二四年の大統領選挙に向けて政治的分断はさらに深まると分析しています。さらに前回の選挙結果を覆そうとした件などで複数の罪で起訴されたトランプ前大統領も、八一歳（二〇二四年八月時点）という高齢のバイデン大統領も「大統領には不適格」としています。

二〇二四年一一月の大統領選挙の結果、もしバイデン大統領が当選して続投ということになれば、トランプは再び「選挙が盗まれた」と言うでしょう。トランプが不正選挙だと騒げば、激怒したトランプ支持者たちがどんな行動に出るか予測がつきません。前回は連邦議会の襲撃でしたが、銃を持った彼らがさらに過激な事件を起こすことも考えられます。

一方トランプが勝利した場合、バイデンは選挙結果を受け入れるでしょうが、民主党の支持者たちは黙ってはいないはずです。二〇一六年の選挙でトランプが当選したとき、「彼はわれわれの大統領ではない」と、全米でデモや集会が行われました。トランプが再び大統領になれば、あの反対運動が一段と激しいものになると予測されます。

場合によっては、支持者同士の小競り合いから銃撃戦に発展したり、小さな紛争状態になったりするような、まさに南北戦争になりかねないリスクを抱えているということなのです。

二〇二四年五月、アメリカの保守系の世論調査会社「ラスムセン社」が四月に全米で実施した世論調査で、今後五年以内にアメリカが内戦に見舞われる可能性を尋ねた質問に対し、「非常に起こりそうだ」「いくぶん起こりそうだ」の回答をした人が合わせて四一％に上ったという結果を発表しました。衝撃的な数字です。アメリカ人自身が危機感を持ち始めていることがわかります。

一期目のトランプ政権には、大統領が極端な政策を実行しないようにトランプにブレーキをかける閣僚やスタッフがいました。しかし彼らはとっくにトランプの元を去り、あるいはクビにされて、いまトランプの周囲にはトランプの言うことを素直に聞く人しかいません。

さらにアメリカ憲法の規定では、大統領の任期は二期までと決められていますから、二期目のトランプは、次の大統領選のことを考えなくていいのです。抑制を求める側近もなく、後のことも考えなくてよくなれば、思う存分やりたいことができる状態になるのです。

プーチンも望む〝トランプ大統領〟

ロシアのプーチン大統領はアメリカの大統領選挙について聞かれ、「トランプ氏よりも、予測可能で古いタイプの政治家であるバイデン氏の方が望ましい」と答えました。はたして本音なのでしょうか。

二〇二四年二月、トランプは、大統領在任中にNATO加盟国のある首脳に「軍事費用の足りない国がロシアの攻撃を受けたら、アメリカはその国を守るか」と問われ、「守らない。むしろやりたいようにやれと勧める。あなたは（国防費を）負担しなければならない」と伝えたと報道されました。これはトランプ本人がサウスカロライナ州での選挙演説で述べたもので、実際にそういうやりとりがあったかどうかはわかりません。自分はNATOの首脳にもこんなに強気に言えるぞ、という支持者へのアピールだっただけかもしれません。

これに対して、バイデン大統領をはじめNATO加盟国の首脳からも批判の声が上がりました。そして「ロシアにやりたいようにやれと言った」という発言を聞いた多くのアメリカ人が、トランプはロシア寄りだと感じました。基本的にロシアに反感を抱いているアメリカ国民にそう思わせることは、選挙にとってはマイナスです。トランプは自慢のつもりで言ったのでしょうが、選挙を考えれば失言でした。

これを知ったプーチンは、バイデンに支持が流れることに焦りを覚え、「バイデンが望ましい」と答えてトランプの失言による影響を消そうとしたのです。プーチンにとっては、トランプが望ましいに決まっています。

プーチンが「バイデンの方が望ましい」と言ったのを聞いたトランプは、一瞬間を置いてから、ロシアにとってはバイデンより自分の方が脅威になると認めたのだ、と語ったそうです。その一瞬には、プーチンはバイデンより自分の方がいいはずなのに、と考えたに違いありません。

結果的に世界は「もしトラ」に備えるようになっています。予測するだけでなく、そうなった場合のために、すでに動き始めているのです。そうするとバイデン政権は一期目にしてレームダックになります。レームダックとは、ヨタヨタ歩きのアヒルという意味で任期の終わりに影響力を失った政権や政治家を指します。つまり本来ならばバイデン政権がレームダック状態になるのは二期目の終盤なのですが、トランプが復活した場合のインパクトがあまりに大きいので、こうなってしまったのです。

同じ轍を踏みたくない日本政府

二〇一六年九月、当時の安倍首相はニューヨークに赴き、ヒラリー・クリントンと会談をしています。ここで安倍首相は、「再びお目にかかれてうれしい。私の政権が進めている『女性が輝く社会』にいち早く賛同の意を表明していただいたことにお礼を申し上げたい」と述べました。大統領選挙中に首相が候補者と会うのは極めてまれです。外務省が当選確実と見たヒラリー・クリントンに、いち早く挨拶をしておいた方がいいとアドバイスしたからだといわれました。しかし結果は、ヒラリー・クリントンではなくトランプが大統領に決まったのでした。

焦った安倍首相は、トランプの当選決定の直後、ニューヨークのトランプタワーに出向いてトランプに会います。現大統領ではなく次期大統領と首相が会うのも異例なことでした。これはトランプにとっても大統領に決まって初めての外国首脳との会談になりました。こうして安倍首相がトランプの胸に飛び込むことによって、初期の失敗を帳消しにし、異例ずくめの日米首脳関係が生まれたのでした。

オバマ大統領と任期が重なった四年間で安倍首相は一〇回の電話会談を行っていますが、トランプ大統領とは三〇回に上ります。ゴルフも四回あり、令和になって初めての国賓もトランプ大統領でした。

安倍元首相に近い人から聞いたのですが、トランプが最も嫌うのはマウントを取られることだそうです。上から目線でものを言うと、一発でアウトだそうです。安倍元首相との間で過去の話になったとき、安倍元首相が日本はかつてロシアと戦争をしたと言うと、トランプは日露戦争を知らなかったそうです。その上で「それでどちらが勝ったのか？」と聞き、「日本が勝った」と答えたら「おお、それは良かった」と言ったそうです。このとき、日露戦争も知らないのか、という態度をとっていたら、日米関係は大いに難しいものになっていたでしょう。

一方ドイツのメルケル首相は最後まで関係修復ができませんでした。トランプ大統領はメルケル首相に会ったとたん「見下されている」と感じたそうです。結局ドイツはトランプ政権と友好的な関係にはなりませんでした。

一方、岸田文雄首相はバイデン大統領と良好な関係を築いています。二〇二四年四月には国賓待遇で訪米。バイデンとの親密さをアピール。アメリカ議会でも演説を行いました。

しかし、ここでジレンマに陥っているのが日本の外交です。バイデン大統領との親密さをアピールすると、トランプは面白いはずがありません。「もしトラ」が現実になった場合、トランプが日本に厳しい態度をとる恐れがあります。そこで考えたのが、実質的には日本政府の名代だけれど、建前としては自民党副総裁である麻生太郎がトランプと会談することでした。二〇二四年四月、ニューヨーク州での裁判が続くため、ニューヨークのトランプタワーに滞在しているトランプを訪ねて会談。安倍元首相の思い出話をしたそうです。きっと「あなたが大統領に返り咲いたらよろしく」と伝えたのでしょう。

これぞ典型的な二股外交ですが、もしトラの可能性が高まってきたために余儀なくされた、日本政府の苦渋の決断だったのです。みっともないですが。

世界の新たな分断

二〇二三年二月、国連総会の緊急特別会合において、ロシア軍のウクライナからの完全撤退、国際法上の重大犯罪への調査と訴追などを求めた決議案が採択されました。一九三か国のうち賛成は一四一か国でした。反対したのはロシア、ベラルーシ、北朝鮮、エリトリア、マリ、ニカラグア、シリアの七か国で、中国やインド、南アフリカなどの三二か国は棄権しました。さらに一三か国は無投票でした。つまりロシアに対する非難決議案は採択されましたが、四分の一の国は決議案に賛成していないのです。

さらに二〇二四年の会合では、決議案の提出さえ見送られています。これは、イスラエルのパレスチナ攻撃をアメリカが擁護していることへの不満や、ウクライナ戦争への関心が薄れていることで賛成票が減ることを危惧した、決議案の提出見送りだったといわれています。

つまり、ほとんどの国がロシアを非難しているかというと、そうではないのです。

グローバルサウスといわれるかつての開発途上国は急激に国力をつけていて、影響力を持つようになっています。開発途上国の多くが南半球にあったことからグローバルサウスと呼ばれるようになったのですが、その地球の北と南で、新たな分断も生まれようとしています。

ヨーロッパでは反EUを掲げる極右の政党が躍進しています。別の章で述べたドイツの「ドイツのための選択肢（AfD）」もそうですが、ポルトガルでも極右政党の

「シェーガ」が議席を四倍にしています。

アメリカ国内で南北の分断だけでなく宗教や人種などさまざまに分断が進んでいますが、トランプの「アメリカファースト」によって世界の分断にも拍車がかかっているのです。アメリカの「自国ファースト」を見て、自分たちがよければそれでいいんだよね、という風潮が世界に広がっています。

初代大統領のジョージ・ワシントンは、演説のなかで「アメリカはアメリカのことだけを考えるべきだ」と言っています。そのワシントンの考えを理論化したのが第五代大統領のジェームズ・モンローの「モンロー主義」なのです。これは、アメリカはヨーロッパのことに口出ししないから、ヨーロッパもアメリカに口を出さないでほしい、というものでした。この場合のアメリカは南北アメリカを指しますから、つまりアメリカ大陸とヨーロッパ大陸の相互不干渉を提唱したものです。

つまりアメリカの歴史において、アメリカはそもそも「アメリカファースト」だったことがわかります。それが第二次世界大戦後、ソ連の勢力が拡大することでアメリカが国家的な危機意識を持ち、ソ連を封じ込めるために世界中にアメリカ軍基地を置くようになりました。結果的に世界の警察官のような形になってしまったのです。

ですから私たちが見てきた、世界中に影響力を発揮しているアメリカはむしろ例外的なもので、トランプの「アメリカファースト」は先祖返りだともいえるのです。

大学での言論の自由が失われつつある

イスラエルとハマスの軍事衝突以降、アメリカの大学では差別や偏見に基づいた事件などが相次いでいます。

これに関連して、二〇二三年一二月、アメリカ下院での公聴会に、ハーバード大学のクローディン・ゲイ学長、ペンシルベニア大学のリズ・マギル学長、マサチューセッツ工科大学（ＭＩＴ）のサリー・コーンブルース学長の三人の女性学長が出席しました。

ここで共和党のエリス・ステファニク議員が「キャンパス内でユダヤ人の集団殺戮

（ジェノサイド）を呼びかけるのは、貴校の（ハラスメントやいじめに関する）行動規範に違反するか？」と質問します。これに対してゲイ学長とマギル学長は「文脈による」などと答え、慎重な言い回しで明言を避けました。

学内での言論の自由を尊重する立場から、「イエス」と即答しなかったのでしょうが、ユダヤ系の人たちにはそうは映らなかったようです。ＳＮＳにあげられたこの件は瞬く間に炎上。多くのユダヤ系投資家などが大学への寄付を取りやめると発言します。ペンシルベニア大学にも大口寄付者からの抗議があり、マギル学長は辞任に追い込まれました。

さらに、ハーバード大学にもゲイ学長の辞任を求める抗議がありましたが、五〇〇人以上の教授が留任の嘆願書を理事会に提出し、理事会は留任を決定します。しかし、最終的に圧力に屈する形で辞任することになりました。

アメリカの大学経営は、成功した卒業者などの寄付に頼るところが大きく、ハーバード大学は二〇二三年に五〇〇億ドルもの寄付金を集めています。寄付する側の意向にそえなければ、経営の危機に直面する場合もあるのです。

一部の大学で行われていた反イスラエルの抗議活動は、二〇二四年の春になって全米に広がっていきました。この時点での学生たちはジェネレーションZ（Z世代）と呼ばれています。一九九〇年半ばから二〇一〇年代初頭生まれの若者たちで、それ以上の世代と比べて政治や社会問題に関心があるといわれています。SDGsなどを学校で学び、世界の情報がリアルタイムで届く環境も影響しているのでしょう。一方で、新聞やテレビなどの既存のマスメディアに触れることが少なく、情報源はインターネットのウェブメディアが中心です。

その彼らが目にしたのが、イスラエルの攻撃によるガザ地区の惨状でした。病院や住宅が破壊され、逃げ場さえないパレスチナの人たちを見た彼らは、この戦争に抗議するためにデモを始めたのでした。そして大学が投資しているイスラエルの企業や、イスラエルの組織と取引しているアメリカ企業への投資を止めるように求めます。大学のユダヤ系企業への投資は、パレスチナ攻撃に加担していると抗議しているのです。

この抗議活動は全米に拡大し、少なくとも三〇以上の大学で学内に野営したり、建物を占拠したりしています。ニューヨークのコロンビア大学をはじめとする一部の大学では、警察に応援を求め、学生との衝突の末に多くの逮捕者を出しています。さらにその矛先は、イスラエルの攻撃を容認しているバイデン政権へも向けられています。Z世代の多くが、次期大統領選挙ではバイデンを支持しないと答えています。

これに対してバイデン大統領は、「暴力的な抗議は保護されない。保護されるのは平和的な抗議だ。抗議する権利はあるが、混乱を引き起こす権利はない」と演説し、さらにユダヤ系の学生に対する脅迫やイスラム教徒への差別など、人種差別的な言動や暴力は許されないと述べました。

またバイデン政権は、学生ローンの一部を対象に返済を免除する政策を打ち出しています。アメリカでは多くの学生が金融会社から学費を借り、就職後に返済するローンを組んでいます。この返済が卒業後の生活を圧迫しているケースも多くあるのです。

大統領選挙において浮動票となるZ世代を取り込みたいのです。その一方でユダヤ系資本家たちを刺激したくない。両者の板ばさみになっているのが現状です。

アメリカは「二つの国」から成り立っている

ここまでアメリカの分断を見てきました。ただ私たち日本人の多くはアメリカというとニューヨークやサンフランシスコ、ハワイなどを想像しがちです。これらは、いずれも民主党の牙城です。ＩＴや金融で世界経済を牽引するアメリカは、いずれも「民主党の国」です。これに対して農業大国で聖書を信じ、白人が少数派に転落することを恐れ、黒人差別が続く南部は「共和党の国」です。アメリカは、北部の先進国と南部の開発途上国が同居する国家なのです。こうしたアメリカの分断は、以前から存在していたのですが、世界がグローバル化する中で「取り残された」と思う人々の「北部」への恨みが、トランプ大統領当選で顕在化したのです。つまりは「見える化」したのです。「二つの国」から成り立っているのがアメリカ合衆国。私たちは、この視点からアメリカを見直し、秋に向けて分断が一層進むアメリカを見ていかなければならないのです。

　そして分断は世界でも進みます。それを促進しているのは、皮肉なことに「民主主義的諸制度」なのです。私たちは、民主主義は理想の制度だと教わり、そう思い続けてきました。しかし、果たしてそうなのでしょうか。かつてイギリスのチャーチル首相はこう言いました。

「民主主義は最悪の政治形態だ。これまで試みられたすべての形態を別にすれば」

　民主主義は、最初から最良の政治形態として存在しているわけではありません。常に最良の政治形態にするべく努力を重ねてこそ理想に近づくのです。

　アメリカで、そして世界で民主主義は危機に瀕しています。日本も決して他人事ではありません。議会をないがしろにした政府。政治と金の問題で国民がいくら怒っても、馬耳東風の自民党の政治家たち。「いまは怒っていても、どうせ選挙になれば多くの国民は自民党に票を入れるのだから」と高を括っているとしか思えない態度が続いています。

しかし、実際にこれまでの日本の選挙は投票率が低く、国民の多くは政治に関心を示さないできました。そんな過去の言動を棚上げして「政治と金」の問題に怒って見せても、政治家は動きません。「民主主義の危機」にどう向き合えばいいのか。民主主義は不断の努力で守らなければ、簡単に失われてしまいます。最近の世界各国の様子を見るにつけ、「民主主義の脆さ」を痛感します。

しかし、絶望している時間はありません。民主主義を破壊ないし形骸化する動きと抗い、理想に向かって取り組んでいる人たちもまた、世界に大勢存在しているのです。分断が進む世界ではありますが、分断に抗した動きにも目を凝らさないといけないと思うのです。

主要参考文献

金成隆一『ルポ　トランプ王国——もう一つのアメリカを行く』(岩波新書) 2017年
吉見俊哉『トランプのアメリカに住む』(岩波新書) 2018年
横田増生『「トランプ信者」潜入一年——私の目の前で民主主義が死んだ』(小学館) 2022年
A・R・ホックシールド著・布施由紀子訳『壁の向こうの住人たち——アメリカの右派を覆う怒りと嘆き』(岩波書店) 2018年
ヴェルナー・トレスケン著・西村公男・青野浩訳『自由の国と感染症——法制度が映すアメリカのイデオロギー』(みすず書房) 2021年

写真

帯	木内章浩
p18	福田裕昭
p65	AP/アフロ
p137	Abortion On Our Own Terms/AP/アフロ
p163、帯	福田裕昭

装丁

松田行正＋杉本聖士

校正

麦秋アートセンター

池上彰（いけがみあきら）

ジャーナリスト。一九五〇年長野県生まれ。慶應義塾大学卒業後、一九七三年にNHK入局。松江放送局、広島放送局呉通信部を経て、報道局社会部、警視庁、文部省などを担当し、記者として経験を重ねる。一九九四年から一一年にわたり「週刊こどもニュース」のお父さん役として活躍。二〇〇五年にNHKを退職し、フリージャーナリストに。名城大学教授、東京工業大学特命教授、東京大学客員教授、愛知学院大学特任教授、立教大学客員教授。信州大学などでも講義を担当。『そうだったのか！ 現代史』シリーズ、『君たちの日本国憲法』（ホーム社）、『池上彰の世界の見方』シリーズ（小学館）等、著書多数。

池《いけ》上《がみ》彰《あきら》が見《み》る分《ぶん》断《だん》アメリカ
民主主義《みんしゅしゅぎ》の危機《きき》と内戦《ないせん》の予兆《よちょう》

2024年8月30日　第1刷発行

著　者　池上彰《いけがみあきら》

発行人　茂木行雄

発行所　株式会社ホーム社
〒101－0051　東京都千代田区神田神保町3－29共同ビル
電話　編集部　03－5211－2966

発売元　株式会社集英社
〒101－8050　東京都千代田区一ツ橋2-5-10
電話　販売部　03－3230－6393（書店専用）
読者係　03－3230－6080

印刷所　TOPPAN株式会社

製本所　株式会社ブックアート

Ikegami Akira ga miru bundan America

ISBN 978-4-8342-5386-3　C0036